U0915611

珍藏本
纪念版

汉译世界学术名著丛书

保守主义

〔英〕休·塞西尔 著

杜汝楫 译

马清槐 校

2017年·北京

Hugh Cecil

CONSERVATISM

Williams and Norgate

London,1912

根据伦敦威廉诺加特出版公司 1912 年版译出

汉译世界学术名著丛书
（120 年纪念版·珍藏本）
出 版 说 明

2017 年 2 月 11 日，商务印书馆迎来 120 岁的生日。120 年前，商务印书馆前贤怀揣文化救国的理想，抱持“昌明教育，开启民智”的使命，立足本土，放眼寰宇，以出版为津梁，沟通中西，为中国、为世界提供最富智慧的思想文化成果。无论世事白云苍狗，潮流左右激荡，甚至战火硝烟弥漫，始终践行学术报国之志，无改初心。

迻译世界各国学术名著，即其一端。早在 20 世纪初年便出版《原富》《天演论》等影响至今的代表性著作，1950 年代后更致力于外国哲学和社会科学经典的译介，及至 1980 年代，辑为“汉译世界学术名著丛书”，汇涓为流，蔚为大观。丛书自 1981 年开始出版，历时三十余年，迄今已推出七百种，是我国现代出版史上规模最大、最为重要的学术翻译工程。

丛书所选之书，立场观点不囿于一派，学科领域不限于一门，皆为文明开启以来，各时代、各国家、各民族的思想与文化精粹，代表着人类已经到达过的精神境界。丛书系统译介世界学术经典，引领时代思想，为本土原创学术的发展提供丰富的文化滋养，为推动中国现代学术和现代化进程做出了突出的贡献。

为纪念商务印书馆成立120周年，我们整体推出“汉译世界学术名著丛书”120年纪念版的珍藏本，寄望既利于文化积累，又便于研读查考，同时向长期支持丛书出版的译者、编者和读者致以敬意。

两甲子后的今天，商务印书馆又站在了一个新的历史时间节点上。我们不仅要铭记先辈的身影和足迹，更须让我们的步伐充满新的时代精神。这是商务人代代相传的事业，更是与国家和民族的命运始终紧密相连的事业。我们责无旁贷，必须做好我们这代人的传承与创造，让我们的努力和成果不仅凝聚成民族文化的记忆，还能成为后来人可以接续的事业。唯此，才能不负前贤，无愧来者。

商务印书馆编辑部

2017年10月

译者的话

休·塞西尔(Hugh Cecil,1864—1958)是英国保守党政论家。《保守主义》一书写于1912年,是英国保守党的重要政治理论著作之一。在一定意义上说,本书可以看作是一部保守主义思想史。作者在书中描述了一般的守旧思想,特别是保守党人和具有保守思想的人的守旧惧新的心理状态,英国保守主义的渊源和形成过程,以及柏克对近代保守主义的影响。作者认为英国近代保守主义有三个主要来源,即人类天生的守旧倾向、王党主义和帝国主义。所谓天生的守旧倾向就是人们天生地爱好熟悉的事物而厌恶和怀疑陌生事物。所谓王党主义,乃是从反对法国大革命开始的反对一切革命的思潮。作者为了阐明保守主义的理论,特别用一章的篇幅来摘引著名思想家柏克在《法国革命感想录》中的主要论点,并且认为柏克在1790年5月在英国议会中所表示的反对法国革命的鲜明态度乃是近代英国保守主义的诞生日。保守主义的第三个来源——帝国主义,就是维护英国在国际事务中的"伟大",维护英国对各殖民地的统治。此外,作者还不惜笔墨地为富人辩护,为王室和教会辩护,为私有财产辩护,并恶毒攻击社会主义。

塞西尔的这种保守主义政治理论现在已没有多少市场,然而,它对了解和研究英国的保守主义思想仍有重要参考作用。况且,本书中的一些言论,从某个角度来看,也许还值得考虑和探讨。

1985 年 6 月

目　　录

第一部分

第二部分

第 一 部 分

前　　言

要确定本书主题的范围和界限是困难的。虽然这个主题被认为是保守党的知名的政党的信条，它可以用来包括有关政治利益或党派论争的一切题目。这些题目可以用任何程度的详细论述来加以讨论，使这本小书的范围远远超出原定的限度，并且把它变成类似一部百科全书的模样。然而，要避免这个危险，同时又要能够充分概括地叙述现代的保守主义，那就不可避免地要涉及各种政治问题，甚至涉及引起争论的政治问题。所以，虽然本书力求在意义不太明确的抽象哲学论文同比较适合在报上发表的有争议的具体论述之间，达到恰当的折中程度，但是，如果它有时似乎太抽象，有时似乎出现过分明显的党派偏见，并且往往在各部分之间缺乏匀称的比例，那就千万要请读者原谅了。

还必须另外指出一个小小的困难。保守主义可以按两种意义来理解。它可以指保守党的信条，也可以指人们心中的天然倾向；有这种倾向的人绝不限于在党派政治活动中投票支持保守党的人。为了减少这种意义不明确所造成的混乱，当这个名词用来表示第二个意义，即作为可以称之为纯粹的或天然的守旧思想，我就不冠以大写字母。当它用于比较具体的意义，即作为保守党的信念时，我就冠以大写字母（中译文中用引号来代

替。——译者）。

我们不妨说，保守党的“保守主义”即现代“保守主义”，当然主要来源于和依赖于几乎在每个人心中都存在的那种天然的守旧思想。因此，在开头讨论一下这种纯粹的或天然的守旧思想是适宜的。

第一章　一般的守旧思想

天然的守旧思想是人们心灵的一种倾向。那是一种厌恶变化的心情；它部分地产生于对未知事物的怀疑以及相应地对经验而不是对理论论证的信赖；一部分产生于人们所具有的适应环境的能力，因此，人们熟悉的事物仅仅因为其习以为常就比不熟悉的事物容易被接受和容忍。对未知事物的怀疑以及宁可相信经验而不相信理论的这种心理，根深蒂固地存在几乎一切人的心中，并且表现在下面一些往往被人引用的格言里："看清楚以后再跳"，"手中一只鸟抵得上林中两只鸟"，"一盎司事实抵得上一磅理论"——这些都是表示一种几乎普遍存在的守旧情绪的谚语。绝大多数人初次见到新事物时总认为它是花样翻新，不是无用便是危险的。这些新事物使那些初次想去理解它们的人感到畏惧、烦躁、疲劳和困惑。人类的天性对它们是不敢接近和不耐烦的。人们觉得他们生活在神秘莫测的环境中；他们居住在世界上，就像儿童居住在黑房间里一样。从看不见的精神世界而来的危险，从别人的难以理解的情感而来的危险，从自然力量而来的危险——所有这些都萦回于人们的心头，使他们害怕那些由经验证明至少是安全而又可以忍受的事情会产生什么变化。变化不但是可怕的，它也使人疲劳。当人们试图去了解和判断一项新计划时，这种努力总要消耗精力，

使他们不堪负担。判断力和识别力在他们内心发憷。为什么抛弃安全的已知事物而去追求可能有危险的未知事物呢？没有人会疯狂到不经周密调查研究就冒风险的地步。这意味着困惑不解，精疲力竭，思想混乱，意气消沉。为什么不听之任之呢？为什么不安之若素而自讨苦吃呢？为什么不保持安全而要仓促地临危涉险呢？“我以前处境很好，”在常被引用的一个意大利人的墓志铭上刻着，“以后我会更好的；因为我呆在这里。”

这种考虑对所有的人来说都是迫切而有力的。我们每天都受这些考虑的支配。清早邮递员给我们送来一份创办一家公司的发起书，里面列举有吸引力的投资条件。然而我们并不向它投资。我们知道这一类的公司往往是靠不住的，它们提出的条件是骗人的。我们并不知道这家公司有什么优点，要了解它又太麻烦。我们对现有的投资已经心满意足了。为什么要改变呢？不去理睬它还是比较聪明的。现在我们拿起一张报纸，看到一种医治我们所患疾病的药品的广告，但是我们不去购买。这些药物往往是无效的，有时还有危险。我们的医学知识太少，以致我们无法判断这种药品究竟是真正的良药，还是有害身体的骗人假药。我们习惯于采用另一种疗法，虽然它确实不够完善，但还不错。为什么要改变呢？不去管它是比较聪明的。在同一张报纸上，我们读到一篇关于飞机失事的报道，说是飞机驾驶员牺牲了。在我们看来，这似乎是件莽撞的事情；人们怎能那么粗心大意去冒这样的危险呢？换了我们，非到将来对这些机器有了丰富得多的经验时决不想去驾驶飞机。我们不知道飞机是怎样开动的，也不知道它们的优缺点，我们也没有工夫去研究那一套。目前，飞机显然是危险的。我们

决定把开飞机这件事抛开，乘一辆公共汽车对我们来说已经是够快的了。其他许许多多的事例也是如此。谨慎小心的普通人不相信那种未经自己的经验测试、也不知道别人的经验业已测试并发现是令人满意的事情。他宁可选择他所熟悉的、即使不完善的东西，也不选择未经测试的新东西，尽管那种东西可能是很吸引人的。这是他从幼年起就一直留在脑际的印象。那篇关于一个小姑娘因玩弄火柴而被烧死的童话，只是表明对陌生的事物持怀疑态度是聪明的。

不过，虽然在某种程度上怀疑陌生事物是一种最简单的谨慎问题，这样的怀疑却可能存在于妨碍一切进步事业的非常极端的形式之中。中国人就是这样。他们有很长一个时期认为西方世界不过是洋鬼子的领域，现代科学的发明只是魔鬼的妖术。地下的采矿机器会激怒住在那里的龙。火车或电报可能会触犯鬼神。对陌生事物的恐惧，对陌生的外国人和他们生活习惯的恐惧，对陌生的精神世界及其被认为可憎的新奇事物的恐惧——这些恐惧长期阻碍了并在很大程度上仍然妨碍着中国的哪怕是十分有限的进步。异常明显地适用于对中国的描述，在某种程度上也适用于对一切未开化民族以及甚至文明社会中那些无知的或怀有偏见的人们的描述。在这样一些人中间，对陌生事物的怀疑是严重的。火车在它初次传入英国时所引起的恐惧就是各人所共知的例子。工业发展道路上的一个障碍就是工人往往用一种难以克服的固执态度来反对新机器、新工具或新的工序。聪明人不会过分轻信他们自己懂得经验教训之外的事情，然而他们这种稳健的审慎态度也可能发展到野蛮人和笨人那种异常迟钝的怯懦和淡漠的地步。严

格地说，这是个程度问题。不论科学、行政管理技术或社会生活方法的进步，都需要某种推陈出新的意愿。然而，如果那种意愿是粗心大意的和任性的，那就难免造成祸害。既要有进步和创新的愿望，又要对未经尝试的事情有所怀疑以及对陌生事物的潜在危险有所忧虑，并把这二者协调起来。智慧渴望进步的心情不如不怕新鲜事物那样强烈；也不是害怕新鲜事物以致安于现状而不求进步。希望进步和害怕前进的危险这两种心情在表面上是矛盾的，而在实际上却是相互补充、互为条件的。从议会到汽车，在人类活动的各个领域中，克制守旧思想是稳妥地和有效地取得进步的必要条件。不论就议会或汽车来说，制动器是安全所必需的。不但为了防止做蠢事，而且为了指导和调节明智的计划，并使前进的步伐不致变得糊涂、狂妄和有害，节制都是必要的。进步依靠守旧思想来使它成为明智、有效和切合实际的行动。如果没有守旧思想，进步就纵然不是有害的，至少也是徒劳的。蒸汽的膨胀和汽油的爆炸，只有当它们被装在罩壳箱里的时候才有用处。没有枪杆，子弹等于废物。一个人只有强烈地意识到在探索陌生事物时所要遭遇的危险并抱着这样的观念控制他前进的愿望，他才有可能作出明智而有效的进步。

除了对陌生事物的怀疑而外，天然守旧思想的第二个重要因素是比较重视惯常接触的事物，因为习惯确实已经使我们的本性与之同化。人类有很强的适应能力，因此，正是由于这个缘故而不是别的缘故，他们才喜欢自己所习惯的事物。爱好其熟悉的事物和怀疑陌生的事物，这两种心情是经常地协同发生作用的，并且容易互相混杂，但它们又确实是有区别的。对于所熟悉的事物的爱好在个人生活习惯上所起的作用非常明显；例如饮食、家具、服饰或宗教信仰就是如此。关于教堂的礼拜仪式，你可以看到守旧思想的两个因素都非常明显地起着作用。宗教仪式的革新引起怀疑；那种革新即使事实上不可能同罗马天主教神学有关，也被认为是属于罗马天主教的；但是，宗教仪式的改变也很伤脑筋，只是因为我们对它不习惯，因为它把不熟悉的事情代替了熟悉的事情。谁都知道，按照不熟悉的曲调唱熟悉的赞美诗会使人感到不舒服。但这并不是由于怀疑陌生事物而引起的。我们并不担心新的曲调有什么未经检验过的危险。但是我们的耳朵希望听到旧的曲调；我们盼望获得习惯的感受，而新旋律的每一个音调都使我们失望，几乎带有极不调和的响亮的声音。然而，习惯力量的一个最显著的例子或许在服装方面。最使人感到不舒服的，莫过于自己穿着不常见的服装或者别人穿着不常见的衣服了。结果，关于服装的问题甚至最进步的西方民族也十分保守。我们确实谈论妇女服装式样的迅速变化。但事实上这些变化只出现在极其狭小的范围之内。任何真正重要的变化是困难的，只有非常缓慢地和逐步地形成。赞成穿开衩裙子的论据可能是好的，也可能是不好的；但它们抵挡不住来自习惯的强烈反抗。如果一个妇女当众穿着印度人的服装或古罗马妇女的服装，人们就会认为她是闹着玩儿，要不然就认为她精神失常。在男子当中，这种情形就更为明显了。健康或美观的考虑都不足以突然改变男子服装的固定习惯。艺术家们认为十五世纪的服装是美观的；耶格医生发表过一本以卫生原理来设计的服装图样。但是除了开玩笑之外，如果有人当众穿着十五世纪式的或耶格医生设计的服装，人们所得的总的印象是他精神失常，其结果就会严重地危及他立遗嘱的权利，甚至还可能危及他的个人自由。一个精神正常的人由于穿了不常见的衣服而竟然能够克服心理上和生理上所感到的难受，这在正常人看来恐怕是难以置信的。尽管更艺术化或更合乎卫生原理的不常见的服装很可能同平常的衣服一样舒适，它的新奇式样却使它不受欢迎。由于适应性的作用，人的本性喜欢习以为常的事物，不能毫无痛苦地突然抛弃原有的习惯。

如上所说，这种爱好所熟悉的事物的心理，在有关个人习惯的问题上起着极其强劲的作用。但它在政治上并非没有影响。一个国家的惯常制度之所以有极大的力量，完全是因为这些制度是人们所熟悉的。即使共和政体根据其他的理由可以接受，大多数的英国人也不会乐意接受这种政体，因为我们已经习惯于君主政体了。有些政治上的改变直接影响到普通公民的个人习惯。推行普遍兵役制的最大障碍也许是为了执行这种制度，许多人不得不顺从它对他们的惯常生活方式的干预。

在这一章里，我已企图把天生的守旧思想作为人类的心理在各种事情上而不仅仅在政治上普遍地起作用的倾向来加以考察。在我们联系其他动机，例如作为本书主题的混合的政治“保守主义”，作进一步的探讨之前，很重要的是我们在开头就应该对于可以称之为纯粹形式的守旧思想这种心理倾向具有清楚而鲜明的概念。出于同样的意图，我们不妨简略地考察一下守旧思想对于除政治以外人类进步的某些方面的重要意义。

我们已经指出，虽然乍看起来守旧思想似乎是同进步直接对立的，但它却是使进步变得稳妥而有效的一个必要因素。守旧思

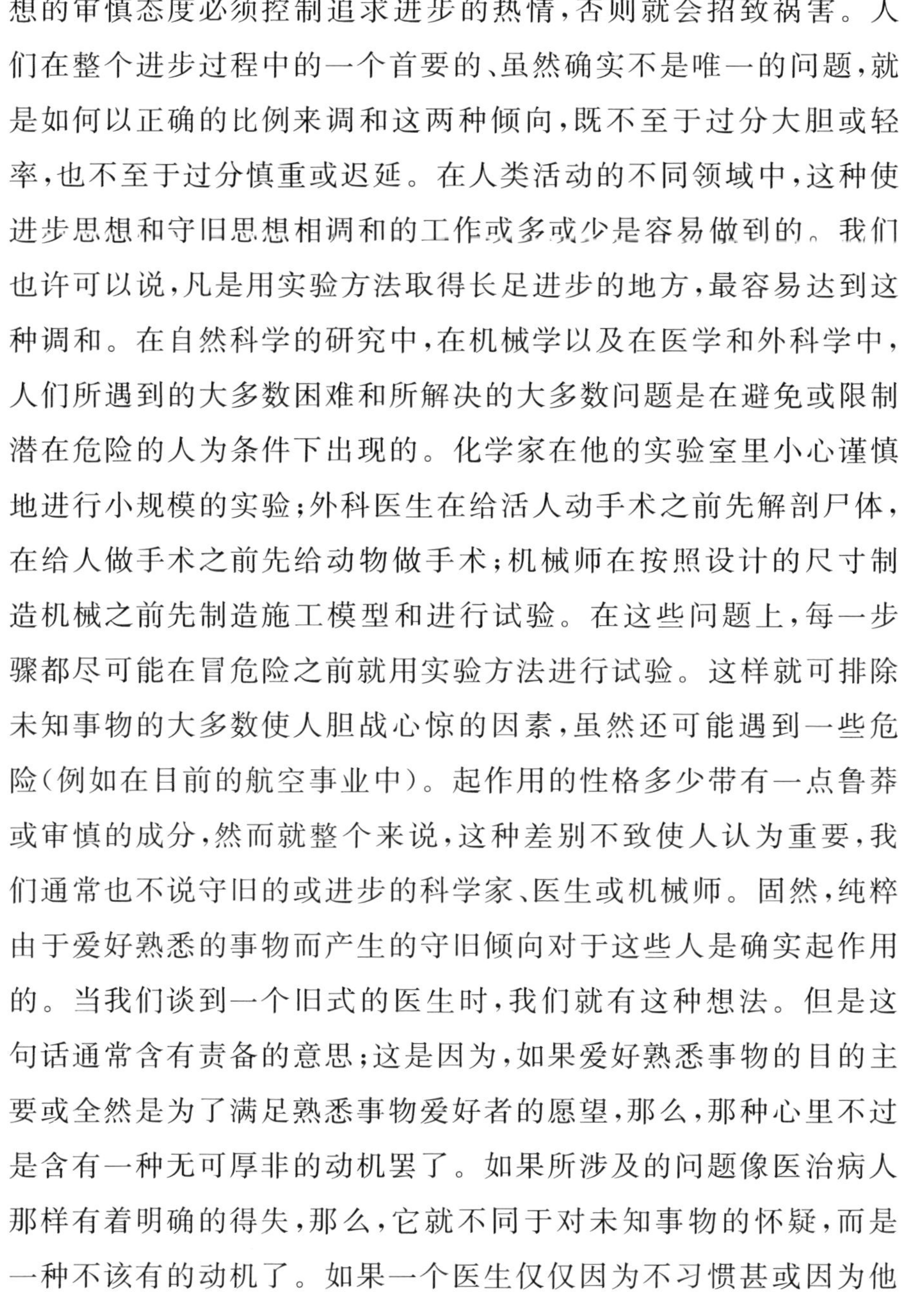

想的审慎态度必须控制追求进步的热情，否则就会招致祸害。人们在整个进步过程中的一个首要的、虽然确实不是唯一的问题，就是如何以正确的比例来调和这两种倾向，既不至于过分大胆或轻率，也不至于过分慎重或迟延。在人类活动的不同领域中，这种使进步思想和守旧思想相调和的工作或多或少是容易做到的。我们也许可以说，凡是用实验方法取得长足进步的地方，最容易达到这种调和。在自然科学的研究中，在机械学以及在医学和外科学中，人们所遇到的大多数困难和所解决的大多数问题是在避免或限制潜在危险的人为条件下出现的。化学家在他的实验室里小心谨慎地进行小规模的实验；外科医生在给活人动手术之前先解剖尸体，在给人做手术之前先给动物做手术；机械师在按照设计的尺寸制造机械之前先制造施工模型和进行试验。在这些问题上，每一步骤都尽可能在冒危险之前就用实验方法进行试验。这样就可排除未知事物的大多数使人胆战心惊的因素，虽然还可能遇到一些危险（例如在目前的航空事业中）。起作用的性格多少带有一点鲁莽或审慎的成分，然而就整个来说，这种差别不致使人认为重要，我们通常也不说守旧的或进步的科学家、医生或机械师。固然，纯粹由于爱好熟悉的事物而产生的守旧倾向对于这些人是确实起作用的。当我们谈到一个旧式的医生时，我们就有这种想法。但是这句话通常含有责备的意思；这是因为，如果爱好熟悉事物的目的主要或全然是为了满足熟悉事物爱好者的愿望，那么，那种心里不过是含有一种无可厚非的动机罢了。如果所涉及的问题像医治病人那样有着明确的得失，那么，它就不同于对未知事物的怀疑，而是一种不该有的动机了。如果一个医生仅仅因为不习惯甚或因为他

的病人不习惯而不使用某种新的治疗方法，那么他就是个坏医生。这是众所公认的道理；要是因为爱好熟悉的事物而影响医学或自然科学，那么，这种爱好也就是一种说不过去的和不光彩的动机了。从表面上看来，守旧和进步这两个倾向在人类的这些活动领域中是相互协调的。

美术和文学的情况完全是另一回事。实验的研究方法在这里肯定不是进步的秘诀。但它究竟是什么，却不容易说清楚，甚至是不可能说清楚的。文学和艺术的进步有赖于我们称之为鉴赏能力、才华和天才这样一些不可捉摸的品质。可是这些名词只表示一些含糊的观念。我们谁都不知道什么是鉴赏能力和天才，虽然当我们看见它们时我们自认为能够认识它们。甚至我们关于才华的看法也是不很明确的。至于鉴赏能力、才华或天才究竟如何产生，我们就更加茫无所知了。它们有时出现，有时不出现；由于它们的出现或缺如，艺术和文学的发展就有高潮或低潮。我们说不出其中的原委。我们不能使它们产生；我们甚至不能预料它们会出现。对我们来说，它们是一种精神境遇，可能碰巧是好的也可能碰巧是坏的，但它们始终不受我们的控制。因此，它们没有自然科学那样稳定的动态。文学和艺术的进步在很大程度上有赖于个别的艺术家或作家，并随着他的死亡而消失；那种进步也在很大程度上有赖于某一个很快就消逝的世代或时期的鉴赏力水平，所以，在最近四个世纪期间，当科学、社会和政治的发展已经改变了人们的生活状况时，要断定这个世界在文学和艺术上究竟有没有取得进步，那将是冒失的。如果我们因此而没有仔细考查艺术和文学的进步情况，我们就不能很好地断定守旧倾向对它的影响。然而，正

如在科学领域的情形一样，改变或保持原状的倾向是互不协调的。有时候，它们之间不可调和的性质变得非常明显。当绘画、音乐或诗歌出现了像在十九世纪那样的革新时，对未知事物的疑虑和对熟悉事物的爱好就立刻活跃起来；于是就出现了一些可以被正确地称为、有时确实被称为守旧的批评家。在这些问题上，守旧思想和进步思想之间的协调就并不比它们在政治活动中更为完善。然而，艺术和文学进步所具有的不确定的，暂时的和偶然的性质逐渐发展成为起控制作用的守旧思想，使守旧和进步这二者显然同它们在政治生活中的类似情况有所差别。

在历史的和批判的研究范围内，以及某种程度上在精神哲学的范围内，进步的状况同政治活动中普遍存在的状况较为相似。使进步倾向和守旧倾向相协调是困难的，但又是必要的。在这里，进步不能用实验的方法来检验和保证；但进步并不像它在艺术和文学方面那样很不稳定地取决于随着个人的死亡而消失的个人品质。它是比较有连续性的，并且在守旧动机和进步动机之间产生一种较为持久的相互影响的现象。但是在这些问题上，正如在政治活动中一样，使人捉摸不定的动机和倾向起着很大的作用，它们同单纯的守旧思想和进步思想结合在一起或给予很大的影响，而不是明显的守旧思想和进步思想本身。其中最重要的是基督教所产生的吸引力和排斥力。对未知事物的疑虑表现为害怕人们可能会拥护异端的意见，甚或会变为对已知的异端结论的厌恶。这种疑虑最普遍产生的作用是维护那些由经验证明为符合基督教信仰的现有结论。然而，不论在什么时期，要是那种被认为有利于异端学说的理论得到人们承认，正统派就会准备欢迎改革并暂时变成

“进步”派。事实上他们既不受守旧倾向也不受进步倾向的影响。他们急于想证明一个已经有人颇有卓见地得出的结论。他们并不是真正的探索者。他们好像是研究欧几里得[①]一项定理的学生一样，知道他们力图证明的真理。他们只希望能够在基督教信条下面注上“证讫”罢了。适用于谈论热爱基督教的人讲的话，也适用于谈论基督教的反对者。这是因为憎恶宗教同热爱宗教一样，主要是一种偏见。他们也埋头于批判的、历史的或形而上学的研究，其目的是为了论证而不是为了发现。究竟是什么因素推动探求真理过程的进展，这不属我现在要研究的范围。但是，指出可以称之为纯守旧动机和纯进步动机的作用所带有的复杂性，还是有教益的。

其所以有教益，是因为政治“保守主义”（这是我的正题）不单单是一种这样的复杂性的结果。政治“保守主义”不是种种纯守旧倾向的结果。它是一种混合物。或者我们倒可以把它比作一条河流，河水由许多小河会聚而成，虽然地理学家只选择其中的一支冠以主要的名称，而把其余各支视为支流。看清这一点，我们就可以比较方便地对政治“保守主义”的历程作一番简略的历史考察。这项考察工作确实不是从它根本的渊源开始，因为那样做即使可能，也会令人感到惘然，而是从远到足以使我们能够看出目前汇集在我们所说的“保守主义”中的几条主流的那一点开始。

① 欧几里得（Euclid，约公元前330—前275），古希腊数学家，著有《几何原本》十三卷，是世界上最早公理化的数学著作。——译者

第二章　保守主义的渊源和过程

守旧思想究竟从英国历史哪一个确切日期开始，也许很难断言。早在英国开始有历史的时候，天生的守旧思想就已普遍存在。在撒克逊人、诺曼底人和普兰塔吉尼特家族[①]统治时期，每个人都是守旧分子，因为每个人都怀疑未知的事物，每个人都喜爱熟悉的事物。进步是非常缓慢地逐步发展起来的，不论什么言行总是披上守旧的外衣。反对英王约翰[②]的贵族们声称，他是侵犯臣民权利的革新者，而《大宪章》不过是系统地表述和肯定了这个王国的古代法律和习惯罢了。把政体结构的改变说成好像就是维护和恢复某种更古老和更纯粹的传统，这种做法在我国的全部历史上一直保持不变，并且在目前的各种争论中都可以看到。尽管它好像是一种幼稚而虚伪的借口，它却突出地说明英国人的守旧情绪的力量，因此，向他们推荐新事物的最好办法是使他们相信这是恢复旧事物的活力。如果说这种情绪甚至现在仍然是强烈的，那么它在中世纪就是压倒一切的了。因此，在宗教改革之前，要在政治上

① 普兰塔吉尼特家族(Plantagenets)统治时期(1154—1399)亦称金雀花王朝时期。——译者

② 英王约翰(John，1167？—1216)于1199—1216年统治英国，1215年在贵族的逼迫下签署了《大宪章》。——译者

识别守旧倾向是不可能的，这不是因为当时没有那种倾向，而是因为除此以外没有别的倾向了。守旧思想好像尼罗河那样发源于一个无法确定其面积大小的浩瀚的湖泊，谁的眼睛都无法看到它的边缘。

当我们探讨宗教改革的时候，我们才开始把守旧倾向看作一种明显的力量。人们的思想一旦开始受到这个动向的影响，他们就立刻掉进熟悉的范畴。极端的革命派是有的，但没有多少追随者，反而受到普遍的非难。那时的英国和现在一样，是一块对革命抱敌意的地方；激烈的再浸礼教徒像今天的无政府主义者一样没有什么势力。此外还有一个反对一切让步的顽强的罗马天主教派；他们虽然比革命派强大，但仍然是个微弱的少数派。这两个提出意见的主要派别同样都迫切要求改革，但仍然真诚地尊重天主教教会的信仰和组织。当克伦威尔[①]和后来的克兰默等较进步的人投入要求改革的潮流并在这个潮流的冲刷下远离旧的信仰时，托马斯·莫尔爵士[②]和诺福克公爵这样一些守旧派尤其害怕脱离古老的信仰体系，而不希望实行改革。英王亨利八世[③]在发表意见的运动中扮演一个并非不常见的角色。他企图利用要求改革的呼声来达到自己的目的。天主教教皇不允许教会的一般神学教义

① 奥利弗·克伦威尔(Oliver Cromwell，1599—1658)，十七世纪英国资产阶级革命中资产阶级—新贵族集团的代表人物。——译者

② 托马斯·莫尔爵士(Sir Thomas More，1478—1535)，文艺复兴时期英国空想共产主义者，著有《乌托邦》一书，亨利八世时选任要职，因拒绝承认英王为英国国教最高首领，被处死刑。——译者

③ 亨利八世(Henry Ⅷ，1491—1547)，1509—1547年任英国国王，与罗马天主教教会系统决裂，建立英国国教。——译者

有任何改变，而亨利八世则力图牺牲教皇的利益来加强国王的权力。他在一生中历尽艰辛，终于获得了成功。然而，这个使教会既不是天主教派也不是改革派的独特计划，并不比他的寿命更长。在爱德华六世[①]和女王玛丽[②]的统治时期，不存在这样的妥协。改革运动的全部力量显露了出来，改革者同他们的反对者在争论的整个领域中进行了斗争。这场冲突胜负未决，每一方的激烈行动给对方帮的忙比对方通过直接的努力所能取得的还要多。我们现在所说的“盛衰消长”是能起很大作用的。这两派都受到强烈的和彼此冲突的宗教信仰的影响。但是，人民群众似乎向来具有一种中间的性格，这种性格讨厌那些比较自信的争论者的激烈行动，并把憎恶从一方转移到另一方。这是温和改革者的机会。伊丽莎白[③]在紧急的关头登上了王座，她的信念和脾气使她正好适合这项任务，完成了一次较有正当理由的新妥协。她成功地控制和限制了宗教改革，她的成功影响了其后的全部政治历史，对今天的政治也绝非没有影响。

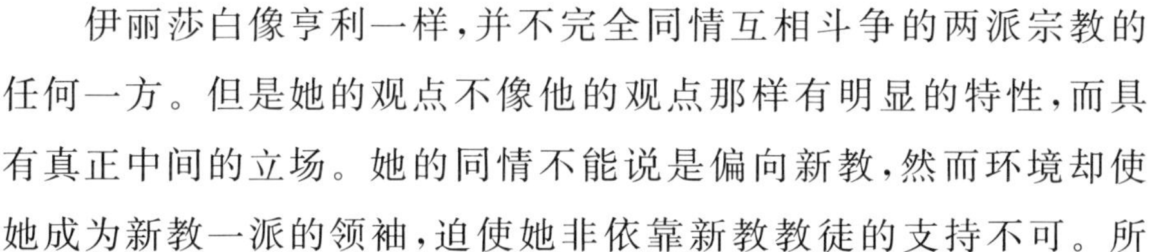

伊丽莎白像亨利一样，并不完全同情互相斗争的两派宗教的任何一方。但是她的观点不像他的观点那样有明显的特性，而具有真正中间的立场。她的同情不能说是偏向新教，然而环境却使她成为新教一派的领袖，迫使她非依靠新教教徒的支持不可。所

① 爱德华六世(Edward Ⅵ，1537—1553)，亨利八世之子，1547—1553年任英国国王。——译者

② 女王玛丽(Mary Ⅰ，1516—1558)，亨利八世之女，1553—1558年任英国女王。——译者

③ 伊丽莎白一世(Elizabeth Ⅰ，1533—1603)，亨利八世之女，1558—1603年任英国女王。——译者

以，她在不承认教皇权力和抵抗西班牙国王的同时，力图把新教运动限制在尽可能狭小的范围之内。在否认罗马教皇权威的同时，她力图在教会中保存天主教的信仰和组织。因此她同天主教徒和较进步的新教徒都不太融洽。作为一个典型的守旧改革者，她必须在两方面作战。对于天主教徒一边，她坚决予以反抗；对于清教徒一边，只要她的胆量允许，总尽量少作让步。她同天主教徒斗争时主要依靠她在教会中的优越地位而得到她的议会和清教徒的全力支持。她大力地、有时残酷地行使她的权力，从而压制了天主教徒，但她也不顾日益强大的清教徒派的种种努力，仍然使教会保持她认为属于天主教真谛的那种特色。当教皇的行动迫使天主教徒脱离教会，成为反对王权的造反派时，上述的做法就越来越困难了。天主教徒因被怀疑为教皇和西班牙的叛逆的朋友而失去了势力；伊丽莎白得不到多少独立的道义支持，只好单凭她自己的权威来抗拒清教徒。尽管如此，她仍然坚持自己的立场，基本上取得了胜利。当新教运动在教会内没有取得更长久的进展时，最极端的清教徒就退出教会，开始组成独立教派。这样，伊丽莎白就已经强迫教会遵循她所选择的中间道路。然而这个伟大的成就却使教会陷于危险的境地。它终于同一个集中改革运动全部力量并日益壮大的强大教派发生冲突。在这场冲突中，教会不得不把成功的希望主要寄托在国王的权力上面。国王是保护者，而教会是被保护者。其结果自然就造成这样的局面：教会颂扬作为保护者的国王，而国王则用严厉的惩罚来强迫人们信从教会。这次斗争在伊丽莎白统治时期开始，并日益激烈地继续下去，直到它最后发展成为一场大叛乱。那时清教运动既倾覆了教会也倾覆了国王。但是，它的成功又把它自己毁灭了；教会和国王一同卷土重来，比以前结合得更加紧密，并获得一批在长期斗争中成长起来的立场明确的反改革派清教徒的支持。这就是教会和国王的一派，即王政复辟二十年之后人们开始称之为“托利党”的党派。从此以后，托利党的保守原则成为有效的政治力量之一，是现在汇集在“保守主义”旗帜下的各种势力之一。

托利党主要是个教会党派。在他们看来，甚至国王也处在第二位。当詹姆斯二世①强迫他们在他和教会之间作出选择的时候，情形就是如此。一旦知道国王决定要推翻教会和重新推行天主教时，托利党的广大群众就立刻积极帮助革命，或者至少抱消极的态度暗地里赞成革命。他们的态度起了决定性的作用，结果詹姆斯被推翻了；但是当他被废黜的时候，托利党人有很大一部分开始后悔。教会和国王的长期联盟产生了一个思想和教义体系，这个体系迫使教会的支持者顺从一位合法世袭国王的神授权利。有些托利党人拒绝宣誓，成为拒绝宣誓效忠者和詹姆斯二世的拥护者；另一些托利党人则羞惭和丢脸地承认了新的君主。这时就要为伊丽莎白的政策付出代价了。她曾运用王权使教会保持反清教的性质，从而使它依赖于王室。教会和国王就这样联合起来进行了一百年的艰苦斗争；当他们战斗、失败、再兴起的时候，占优势的反清教的国教信徒已越来越相信，领导他们去反对其敌人的君主是根据神授的权利来统治的。这就是托利党人在查理二世②统治

① 詹姆斯二世（James Ⅱ，1633—1701），1685—1688 年任英格兰和苏格兰国王。——译者

② 查理二世（Charles Ⅱ，1630—1685），1660—1685 年任英格兰、苏格兰和爱尔兰国王。——译者

后期取得完全胜利时的立场。但是,詹姆斯二世由于拒绝接受英国国教的支配和提高了天主教教义的地位,暂时破坏了托利党的原则基础。托利党人在愤怒之下把他拉下马来,但结果是发现他们自己陷于分裂和丢脸的境地——交替地受到叛逆或失节的玷污,苦恼地动摇于事实上的加尔文派国王和法律上的天主教国王之间,动摇于利用国王合法权力使国教教会成为自由主义教会的威廉[①]和企图利用比国王合法权力大得多的力量使教会遵从天主教教义的詹姆斯之间。在这种紧张的气氛下,他们分裂为宣誓效忠和拒绝宣誓效忠两个派系:前者由于抛弃他们从前的合法性和君权神授的原则而丧失了信誉,后者则多少受到反叛阴谋和周围的密谋和暴力气氛的感染。托利党暂时还没有完全垮台。威廉不愿完全听从辉格党人的摆布,并且尤其是在开始时还向托利党人表示过极大的支持。在安妮女王[②]统治的时期,出现了托利党的复兴,因为她本人在忠于英国国教这一点上是个典型的托利党人。但是托利党人仍然遇到严重的困难。他们必须冒叛逆的风险,而他们的辛劳毕竟只能得到一个遵从天主教教义的国王;或者他们必须放弃他们从前的关于合法性的传统原则,服从一个完全不同情他们教会的德国路德派教徒。在乔治一世[③]即位的时候,托利党的保守原则衰落了半个世纪之久;但它并没有完全消失。它仍

① 威廉三世(William Ⅲ,1650—1702),1689—1702 年任英格兰、苏格兰和爱尔兰国王。——译者

② 安妮女王(Anne,1665—1714),1702—1714 年任大不列颠和爱尔兰女王。——译者

③ 乔治一世(George Ⅰ,1660—1727),1714—1727 年任大不列颠和爱尔兰国王。——译者

然是国民生活中的一个因素，虽然它暂时还说不上是个正式组织起来的政党，但在实际事务中仍然是一股力量，还有可能卷土重来。

那些按比较严格的意义来说必须被称为保守的势力，这时在宗教改革和大叛乱的斗争中起了不同的作用。在十六和十七世纪，保守主义是分散的，没有组织成为任何独立的党派。虽然伊丽莎白的政策导致托利党保守原则的发展，但她本人与其说是托利党人，还不如说是一个守旧分子。她厌恶革新，但并不希望提高教会的地位。另一方面，詹姆斯一世[①]和查理一世[②]则是托利党人。他们主张提高教会和国王的地位。他们从保守感情方面得不到什么支持，而在法学家甚至乡绅看来，他们是要改革旧政体的。一方面海德[③]和福克兰处于显然是保守的地位，反对斯特拉福德[④]和劳德的改革；另一方面有议会领袖们的激烈行动。大叛乱的结果以及军事统治所引起的极度不满，即将把守旧倾向推到托利党一边。1660年的复辟是守旧思想的胜利。这与其说是君主专制的复辟，还不如说是对清教教义和军事专横以及对教会和政府的一切新事物的全面拒绝，而赞成旧有政体的熟悉形式。从这时起到法国大革命带来新景象时为止，我们可以并不过分地说，守旧倾向在英国占有绝对的优势。然而，上文已经指出，守旧倾向仍然是分散的，

---

① 詹姆斯一世（James Ⅰ，1566—1625），1603—1625年任英国国王。——译者

② 查理一世（Charles Ⅰ，1600—1649），1625—1649年任英格兰、苏格兰和爱尔兰国王。——译者

③ 爱德华·海德（Edward Hyde，1609—1674），英国历史学家和政治家。——译者

④ 托马斯·温特沃思（Thomas Wentworth，1593—1641），第一位斯特拉福德（Strafford）伯爵，英国政治家，曾任查理一世顾问。——译者

没有组织成为任何具体的党派。在近代以前，可以发现按严格的意义最接近于保守党派的，是那些“骑墙派”。但是，他们在数量上是微不足道的，他们的势力实际上只限于哈利法克斯勋爵一人。在查理二世和詹姆斯二世统治的时期，守旧倾向的力量更为分散。它渗入辉格党和托利党的队伍，这些人为了想使政体的一切主要轮廓原封不动而找到了一个共同的论争根据。这两个党派确实都有一些变革的愿望，但这完全是次要的。在国王的权力袒护天主教教义以前，托利党人是希望提高国王的权力的。辉格党人反对提高国王的权力，并宁愿在保护臣民和议会的权利方面求得开展。但双方都害怕基本改革这类的事情。革命以后，辉格党在英国历史上起着巨大的重要作用，但是，我们很难用抽象的方式来说明它的原则。它肯定同托利党一样保守。这两个政党都谈不到进行广泛的改革。当辉格党人在其使君主政体符合他们向来所坚持的原则的基础上已经确立了新的君主制时，他们不再反对王权了。除了派系感情和个人野心之外，他们不再有采取政治行动的生气勃勃的动机了。他们确实还有抵制詹姆斯二世拥护者的责任，但随着时间的推移，尤其是在 1745 年的叛乱之后，这种意图对于一个政党的健康生命来说是不够的。因此，在乔治三世[①]即位的时候，托利党和辉格党都处于最低潮，尽管这是按不同的意义和根据不同的理由来说的。

乔治三世在历史学家的笔下也许受到了过于严厉的评论。他

① 乔治三世(George Ⅲ，1738—1820)，乔治二世之孙，1760—1820 年任英国国王。——译者

们用他并不想要遵从的标准来衡量他，并且不适当地注意他的真正的品质和成就。他不是一位堪以维多利亚女王[①]为其伟大榜样的现代类型的立宪君主，也不是一位旧式的国王，而是实行统治和治理的个人统治者。这一类的君主如果不是在威廉三世逝世时，就是在安妮女王逝世时就告结束了。乔治三世也不是像他祖父和曾祖父那样在辉格党人赶走斯图亚特王朝[②]的过程中起了不光彩作用的外国人。据我所知，我国历史上从来就没有第二个像他那样的国王；他是一个政党领袖。平心而论，我们必须把他同罗伯特·皮尔爵士[③]或比康斯菲尔德勋爵[④]相比拟，而不应把他比作威廉三世或维多利亚女王。他是个政党领袖，并像所有的政党领袖那样绝非总是有成就的。然而，如果把他一生的全部经历综合起来观察，我们就必须承认他在政党领导人员的纪录中居于很高的地位。他根据维护教会和国王这个在本质上属于托利党的旧日原则来恢复托利党，虽然这时所强调的不是教会而是国王。他以皮尔和比康斯菲尔德所不能企及的耐心和聪明使名义上由诺思勋爵[⑤]领导而实际上由他自己领导的政党掌握权力。美洲战争的惨

① 维多利亚女王（Queen Victoria，1819—1901），1837—1901年任大不列颠和爱尔兰女王。——译者

② 斯图亚特（Stuart）王朝，除共和政体时期（1649—1660）以外统治苏格兰（1371—1603）以及统治英格兰和苏格兰（1603—1714）的家族。——译者

③ 罗伯特·皮尔爵士（Sir Robert Peel，1788—1850），英国政治家，1834—1835年和1841—1846年两度任首相。——译者

④ 本杰明·迪斯雷利（Benjamin Disraeli，1804—1881），比康斯菲尔德（Beaconsfield）伯爵，英国政治家和作家，1868和1874—1880年两度任首相。——译者

⑤ 弗雷德里克·诺思（Frederick North，1732—1792），英国政治家，1770—1782年任大不列颠首相。——译者

败使他暂时失势，但福克斯[1]同诺思之间的联盟却给了他第二次机会，另外他由于同我们不妨称之为辉格党内的反对派皮特[2]采取了一致的行动，取得了更持久的第二次胜利。他只是在这第二次执政期间才不是该党的首领。虽然他在党的一些委员会里还保有巨大的影响和权威，但他服从皮特的领导。如果我们用这种方法来观察，那么，乔治三世的经历就比我们把他同其他国王等量齐观时显得较为易于理解、更有趣味和更值得钦佩了。他所完成的工作不是微不足道或毫无价值的，因为我们可以设想，如果福克斯的党在法国大革命改变政治论战的面貌时就已取得优势，英国政治的全部历程就一定是另一种样子了。

在我们开始研究法国大革命的影响之前，我们必须把另一个在现代保守党中发挥作用的因素追溯到它历史上更远的时候。除了纯粹的守旧倾向和托利党的保守原则之外，保守党内现在还有第三股力量，虽然它没有令人满意的名称，但它的作用却是众人皆知的。它有时被称为"帝国主义"，有时被称为"侵略主义"，或者被人用一种迂回的说法称作"对强劲外交政策的支持"或"对帝国事务的深切关注"。由于有了这种想法，人们把目光避开国内的冲突（不论是辉格党和托利党之间的冲突，还是教会和独立派之间的冲突，或者国王和议会之间的冲突），专注于整个国家在世界事务中所能起到的和应该起到的作用。有时，这种对我国在国外的势力

① 查尔斯·詹姆斯·福克斯(Charles James Fox，1749—1806)，英国政治家和演说家。——译者

② 威廉·皮特(William Pitt，1708—1778)，英国政治家，1766—1768 年任首相。——译者

和活动的关切是由于害怕外国侵略和必须为国防预作准备所致。毫无疑问，这种看法部分地是由于害怕受到攻击而产生和加强的，但它并不限于防御。爱国主义所引起或表达的强烈的集体人格感，同一个个人的人格感一样，力图表现它自己，扩大它的活动范围，操纵和控制其他国家的命运。在十六和十七世纪，这种看法大体上只起了次要的作用。宗教改革和大叛乱的严重冲突使英国人在外交上不愿过多地关心国防以外的事务。在伊丽莎白统治时期，爱国情绪集中在反对西班牙的问题上，而伊丽莎白本人的过分节约也阻止了庞大军事力量的建立，并倾向于制定一种比许多新教徒希望采取的雄心勃勃的对外政策软弱得多的政策。只要她能够做到，她总是力图避免采取欧洲新教领袖的立场，使英国的政策保持在英伦三岛的范围之内。干涉苏格兰和防御西班牙就是她的对外政策的主要目的。在詹姆斯的统治下，苏格兰已不再对英国各部分的合并持冷淡态度，并且他同议会的冲突使他不能用很多精力参加三十年战争[①]的激烈斗争。同样的原因促使查理的活动更加严格地限于英国的国内事务。克伦威尔恢复了对外干涉政策，并且比亨利八世以来的任何一位国王都更真实地追求我们现在应当称之为帝国主义的那种理想。但是，克伦威尔推行积极的对外政策同他组织一支强大常备军的情形一样，违背了英国人民的意愿。托利党人尤其不赞成有关建立庞大军队的任何做法。保

① 三十年战争，指1618—1648年的一系列欧洲战争，争执的焦点在于政治和宗教问题，战争最初发生于德国天主教徒和新教徒之间，以后瑞典人、法国人和西班牙人也卷了进去。——译者

卫英国海岸以防侵略是他们唯一希望做到的事，因此他们主要是想依靠海军来巩固国防。对法国优势力量的恐惧逐渐迫使英国舆论倾向于赞成更多的军备和更积极的对外政策。威廉三世全神贯注于欧洲斗争，认为英国王位的重要价值在于用来打败路易十四[①]，但甚至在1688年以后，他也感到难以使他的议会和人民赞成他关于在大陆保持英国势力的坚决主张。不过，辉格党人却基本上支持他的看法，积极的对外政策的传统在威廉三世倡导下开始成为辉格党基本政策的一部分。在安妮女王执政的后期，托利党政府是我们现在所说的“小英国”政府；乔治三世在位期间，老皮特的倒台和巴黎条约的愚蠢让步标志着托利党的复兴。继威廉之后，皮特是第二个重要的帝国主义者，他本人就是个辉格党人。我们也不能认为乔治三世坚决维护议会向美洲殖民地征税的权利是一种有缺点的和不明智的帝国主义。他这种做法毋宁说是一项武断的决定，其目的在于加强国王的权威，使其很自然地同提高王权的总的愿望相结合。虽然小皮特[②]是真诚盼望和平的财政家，但他充分继承他父亲的传统而使他的对外政策成为强有力的和积极的政策，尽管往往显然缺乏手腕。福克斯强烈反对积极的对外政策，这无疑突出了皮特在这方面的政治影响。帝国主义成为近代保守党信条的一部分，这也许是由于皮特和福克斯互相抗争的缘故。

① 路易十四(Louis XIV，1638—1715)，1643—1715年任法国国王，他的统治包括一个繁荣法国文化的时期。——译者

② 小皮特(1759—1806)，老威廉·皮特之子，1783—1801年和1804—1806年两度任首相。——译者

我已经探索了近代“保守主义”所由形成的种种因素，直到它们结合起来成为我们所知道的那个模样为止。但是，“保守主义”的出现归因于法国大革命。天生的守旧思想、托利党的保守原则和帝国主义影响了某些政治家，或者分布在社会公众的心中，但是在1790年以前，还没有出现一个明确的保守党，甚至也没有出现任何类似用保守主义理论有意识地团结起来的组织。事实上，这个名称是在四十年之后才被人创造出来的；但是从1790年起，由于法国大革命及其原则的影响，英国的全部政治活动就分为两个部分；那些断然反对革命运动的人在政治上形成了我们现在所说的保守党。在缔造和领导“保守主义”运动中，有两个人具有显著的影响：一个是皮特，另一个是柏克[①]。皮特是带头反对法国大革命的实际领导人，而支持他的是乔治三世的托利党保守原则、柏克的天生保守倾向，以及以皮特本人为其最杰出代表的争取英帝国大国地位的热情，这三者结合起来，在把革命的法国看作教会和国王的敌人、秩序和安定的破坏者、英国的大国地位乃至其安全的大敌而加以对抗的活动中发挥了作用。柏克成为阐明“保守主义”的第一个、也许是最伟大的大师，他以非凡的修辞才能倾写出反对革命信仰的篇章，赋予“保守主义”运动以哲学信条的尊严和宗教十字军的热情。

一般人认为柏克是个辉格党人，皮特是个托利党人，但这确实

① 埃德蒙·柏克（Edmund Burke，1729—1797），英国政论家，1766年任议会议员，主张对北美殖民地采取怀柔政策，发表题为“论北美殖民地税制”和“论同殖民地和解”的演说，他反对法国革命，所著《法国革命感想录》代表了当时欧洲复辟主义的思潮。——译者

是严重的误解。柏克一辈子都具有守旧倾向。他早年是个反对提高王权的辉格党人。然而，像他之前的海德一样，他固然仍旧具有守旧倾向，却在法国大革命的影响下从辉格党转向托利党方面；在《法国革命感想录》一书发表之后，我们必须把他看作托利党人而不是辉格党人。不错，他本人对这种责难感到极大的愤怒，并声称他是辉格党人。如果这样的申辩是指 1688 年的旧辉格党人也会像柏克一样憎恶法国大革命，那么它无疑是无可反驳的。但这不过是说，倘若从前的辉格党人碰上了法国大革命，恐怕他们也会同柏克一样变成托利党人的。托利党人的主要特点是在有关教会和国王的争论中站在国王和教会方面。直到 1790 年为止，只要国王和教会的地位问题成为争论的焦点，柏克总是攻击而不是维护它们；但在 1790 年之后，他就始终一贯地站在教会和国王一边了。

另一方面，皮特在同法国人的原则发生冲突的紧张气氛下，远不如柏克来得活跃。他以前不是像柏克那样坚定的辉格党人，这时也没有变成一个像柏克那样坚定的托利党人。也许说明这个问题的可靠方法是：皮特始终不像柏克那样具有浓厚的守旧倾向；当柏克从信奉辉格党原则变为信奉托利党原则时，向来作为他主要政治信仰的守旧倾向就同他的托利党保守主义热情结合起来；而皮特在许多方面倾向于政制改革，在采取反对革命的立场时比较有节制和有较多的自我克制。柏克的守旧倾向确实是一种放纵的热情。当他反对乔治三世进行美洲战争的时候，这种热情驱使他同情自己国家的敌人，达到令人作呕的程度。当他对法国革命的原则感到恐惧时，这种热情又驱使他写出了《论弑君而取得的和平书简》这样一种才气横溢的文章。他从来不是个帝国主义者。他通常并不缺乏爱国热忱，但他对自由和秩序的事业比对英国的大国地位和权力关心得多。他是美国的朋友，因为他相信美国的事业就是自由的事业；他是法国的敌人，因为他相信法国的事业是混乱和敌视宗教的事业。皮特却有所不同，他一贯抱有英国应在海外占据大国地位的崇高想法。他倾向于和平，但他总是准备以饱满的精神和勇气来维护英国的权威。近代意义的"保守主义"正是在这两个人的影响下诞生的。

把某一天确定为"保守主义"的诞生日期是很形象化的，也不是不真实的。在 1790 年 5 月 6 日，下议院召开委员会会议，讨论一项叫做魁北克法案的法案，其目的是要在加拿大确立一种政制；按照那个时候的程序，提出"逐条宣读法案"的问题是符合惯例的，但柏克站起来开始发表一篇经过精心推敲的关于法国问题的演说。人们当然抱怨柏克在个别人提出程序问题时采取这种做法不符合会议规程。在略加讨论之后，谢菲尔德勋爵按照那个时候的做法提议说，"在下议院讨论问题时发表关于法国政制的演讲和宣读法国情况的叙述，是不符合常规或条例的。"毫无疑问，柏克因为这种干涉阻止他发表一篇经过精心准备又兴致勃勃的演说而大为恼火，这是在议会发表过演说的任何议员所容易理解的。我们可以设想，他认为他的重要地位和才华应该使他有权为所欲为。所以，当福克斯在关于程序的动议重申他赞成法国大革命的看法并批评柏克的一贯态度以及他过去的一些言论时，接着就出现了一个令人难忘的爆炸事件。柏克极其激动和悲伤地抱怨他所受的待遇，谴责福克斯刻薄和残酷，并且宣称，虽然他在下议院没有受到一部分人的支持，又受到另一部分人的排斥和污辱，他仍然尽了责

任，并且为了国家的利益准备做一个自愿的牺牲者。他抛弃了福克斯的友谊，断绝了同他的政党的一切合作。向来团结政治朋友的亲密而情深的个人关系出现了如此严重的破裂，表现出当时正在奔流的舆论潮流的力量。从此以后，英国政治生活的真正分歧，一种足以割断朋友关系的深刻分歧，显然将与新的法国原则有关。从此以后，人们必须赞成或者反对由法国大革命第一次惊人地表现出来的运动，也正是在柏克大声疾呼，说他为了国家的安全已经牺牲了私人友谊的时候，可以说"保守主义"就诞生了。

第三章　柏克和现代保守主义

《法国革命感想录》这本书现在并不像它应有的那样被很多人所阅读。人们对它不太重视，其原因确实是不难理解的。这本书的主题系根据1688年英国革命时期及其后在英国所公认的政治智慧和正义的标准来谴责法国大革命。按照这个标准，法国大革命毫无疑问是完全不正当的：这确实是非常明显，不值得加以论证。对于现代的读者来说，这也不是一个很有趣味的问题。在1789年，柏克就准备谴责法国人，但不是因为他们的行为准则同十七、十八世纪辉格党和托利党的伟大政治家有所不同。因此柏克的观点是陈旧的，轻率的读者总想把他这本书搁在一边，认为它已经完全过时了。这种陈旧的观点也并不是唯一的缺点。柏克对于法国大革命的社会方面知道得很不完全，而这又恰恰是法国大革命的最好方面。从现在我们所达到的阶段来回顾过去，我们就知道，不论用什么方法革除了土地制度和财政制度的弊病，最后所取得的好处似乎都应该受到人们的重视，而这种重视的程度要比柏克所能认识到的来得深刻，因为它可以减轻这场革命的纯政治变化所表现出来的种种蠢事和罪恶。最后，这本书的编排既不清楚也不吸引人。许多篇幅都是一些已经不再引起人们兴趣的琐碎材料，它的文体虽然在风格上具有异乎寻常的力量和优美，但却是

一种现在并不流行的文体。

然而，当我们考虑到一切公正的批评时，我们还必须承认这本书有很大的优点。固然，把法国国民议会的蠢事指明出来，现在并不引起我们多大的兴趣。但没有人能够公允地怀疑，柏克的批评在主要方面是正确的，法国的制宪者是错误的。他正确地认为，他们把国王置于他所不能容忍并对国家有危险的地位；他正确地认为，没收教会土地是极不公道的，甚至没有因此明显地改善财政状况；他正确地攻击法国革命政府发行以没收的土地为担保的纸币这件蠢事；他正确地谴责关于教士的非宗教法规；他正确地斥责10月5日的一些事件，说它们比突然爆发的混乱严重得多，而是具体表现了彻底破坏秩序和自由的原则；他正确地预见到，推翻一切现有制度只会为暴政铺平道路。如果没有忘记他是在1790年、即在恐怖统治或拿破仑帝国很久之前写的，那就可以看出他的政治眼光是十分惊人的了。然而，他那本书的永久价值主要不在于他对1789年大革命极其正确的指责。现代的读者并不十分关心看到法国大革命终于被证明犯了愚蠢、非正义和混乱残暴的错误。那些弊害已成陈迹。它们的情节几乎像过时的刑事审判报告一样。甚至最有才华的起诉演说也不会怎么扣动我们的心弦。然而，柏克很像童话故事中的女主人公，她不掉落珍贵的宝石就开不了口。他在攻击法国大革命的过程中常常离开主题，发表一些使人颇感兴趣而回味无穷的宏论；因此，所有研究政治的人都应当阅读他的《法国革命感想录》。就我们目前的需要来说，不妨提醒大家注意《法国革命感想录》中所阐释的六个主要论题，因为它们长期成为保守党的思想基础，并且现在仍然像柏克执笔的时候一样

充满着趣味。

首先，柏克强调指出宗教的重要性以及宗教之被国家承认的意义。其次，他真心实意地憎恨和谴责政治改革或社会改革过程中人们侵犯个人权利的行为。第三，他攻击革命的平等观念，认为等级和地位的差别是实际存在的和必要的。第四，他拥护私有制，认为它本身就是一种对社会幸福至关重要的神圣的制度。第五，他把人类社会看作一个有机体而不是一个机械体，是一个有许多奥妙之处的有机体。第六，同关于社会的有机特性的这种理解密切相关，他竭力主张必须同过去保持连续性，尽可能使变革逐步进行和尽可能不去打乱原来的正常秩序。

我要冒昧引用《法国革命感想录》中柏克对这几个问题所表达的见解的若干段落，因为这本书现在很少有人阅读，似乎有必要在这里摘引他自己的原话。关于宗教对国民生活的意义和重要性，这本书有着许多值得阅读的东西。除了对国王和王后的侮辱之外，在法国大革命中最足以激起柏克的愤怒的，莫过于国民议会对教会和宗教的态度了。这种态度使他激怒，不仅因为他是基督教徒，而且因为他是一位政治家和研究政治学的学者。

他说："我们知道，并且我们感到自豪地知道，人根据他的素质来说是笃信宗教的动物；无神论不仅违反我们的理性，而且也违反我们的本能；它是长不了的。"然后他又继续发挥说：

"请允许我谈一谈我们的国教吧，因为它最受我们的偏爱；这不是一种缺乏理性的偏爱，而是包含着深邃的、广博的智慧。我首先来谈谈这个问题。我们的国教自始至终存在于我们的心中。这是因为，依靠我们现有的宗教制度，我们继续按照人类早先获得的、始终不变地保持下来的意识办事。那种意识不仅像一个精明的建筑师那样已经建立起各个国家雄伟的建筑，而且像一个深谋远虑的业主那样，为了把那建筑作为神圣的庙堂保存下来，不受亵渎，不致荒废，并力求避免为欺诈、暴虐、非正义和专制等一切肮脏的东西所玷污，而已经永远庄严地把国家以及所有在政府任职的人奉为神圣。这种奉为神圣的目的，就是要使所有以上帝名义在政府中施政的人对其职责和目标抱有崇高和尊敬的观念，要使他们的希望充满着永远不灭的光辉，因要使他们不去指望眼前可鄙的不义之财，也不去指望一般民众对他们的暂时的和转瞬即逝的赞扬，而是去关注他们本性的永恒部分中稳固和持久的存在，去注意长久的名誉和荣耀，以良好的榜样作为丰富的遗产留给后世。

“这样一些崇高的原则应灌输给显贵的人们，并应提供宗教机构，以便不断地发扬和实行这些原则。”

……

“为了使自由的公民怀有健康的敬畏，国教也有必要把国家奉为神圣；因为，为了保证公民的自由，他们必须明确地享有一定程度的权力……。凡是享有任何一部分权力的人都应当深刻而严肃地感觉到：他们是受委托而行事的；他们要向社会的伟大主人、缔造者和奠基人汇报他们在所受委托的事务方面的行为。”

柏克还强调指出宗教在民主国家中的特殊重要性：

“组成集体统治权的那些人应比孤家寡人的君主更深刻地认识到这个原则……一般人民决不能成为出自于任何人之手的惩罚的对象……。他们应该相信：他们完全没有权利也没有资格采用任何专断的权力而不损害他们自己的安全；所以他们不要假借自由的虚伪外表来实际推行违背人道的、上下颠倒的统治，专横地强迫那些在政府任职的人卑躬屈膝地服从他们一时的意志，而不是完全致力于他们的福利（这是他们的权利）；这样他们就使所有那些为他们服务的人丧失一切道德原则、尊严感、判断力和性格的完整，而在这同一的过程中，他们甘愿成为向大众阿谀献媚的卑劣野心家特有的、恰当的但十分可鄙的俘虏。

“当人们摆脱了一切从自私出发的欲念时（如果没有宗教，这是根本办不到的），当他们意识到他们所行使、或许在委派性质的较高环节中所行使的权力必须符合永恒不变的规律（其中意志和理性是同一回事）才算合法时，他们就会更加小心地防止把权力交给卑劣的庸才。在任命官吏时，他们不会把委任行使权力的问题看作微不足道的事情，而是把它当作神圣的职责；他们也不会按照他们肮脏的私利，或者按照他们变化无常的任性，或者按照他们专横的意志来任命。他们将把那种权力（任何人在授予或接受时都难免要悚然自儆）只授予这样一些人：在这些人中，他们可能会觉察到，当大部分起积极作用的美德和智慧集中起来并应用于所负的职责时，它们是能够在不可避免地大量混杂着人类的缺点和弱点的言行中被发现出来的。”

对教会的攻击不但触犯了柏克对宗教的社会和政治价值的信念，而且也触犯了他的正义感和财产神圣感：——

“自从国家确认了教会房地产的所有权以后，从来就听不到关于数量是多了还是少了的意见。说它们太多和太少，都违背产权的原则。”

他还接着说：

"……你们教会财产的遭到掠夺，已使我们教会的财产有了安全的保障。它已经唤醒了人民。他们怀着恐怖和惊慌的心情看到穷凶极恶和恬不知耻的剥夺公民权利的行径。这种行为已经擦亮并将越来越擦亮他们的眼睛，使他们认清自私心理的膨胀，认清阴险之徒以隐蔽的伪善和欺诈开始、以公开的暴行和强取豪夺告终的那种狭隘胸襟。我们在国内也看到类似的苗头。我们正在防止产生同样的结局。

"我希望我们永远不会完全忘记社会团结的法则给予我们的责任感，竟然借口为公众服务而没收某一个无辜公民的财物。除了暴君（这是表达任何足以损害和败坏人类天性的事物的名称）之外，谁会想到竟然不经起诉、不容申辩、不加审讯就夺取成千上万各种各样的人的财产呢？只要没有完全丧失人性，谁会想到要推翻身居高位和担任圣职的人呢？而其中有些人已经达到令人肃然起敬和表示同情的年龄；谁会想到要把这些只靠自己的地产维持生活的人，从国家最高的地位上推下来，使他们陷于贫困、忧郁和屈辱的境地呢？"

我们将看出，柏克敏锐地意识到，根据政治上的理由没收财产是错误的，虽然有人认为这种办法在道德上不同于刑事性质的罚款处分。在这个问题上，他正确地认为他自己才了解英国的情况。他关于实际存在的等级差别的看法，是否现在同样值得我们接受，也许是可以怀疑的。然而，我们不妨仍旧引述那段文章，借以用这样一个光辉夺目的例子来证明他的文采，并借以表述他这样的学说，即国家必须同我们道德本性的复杂性相适应，它有一种存在于仅属理性分析范围之外的因素。这个所谓国家是个不可思议的有

机体的观念，几乎可以说是柏克政治哲学的基调。

“十六七年之前我曾在凡尔赛见过法国王后，那时她是王太子妃；在她似乎从未接触过的这个星球上，肯定没有出现过比她更加可爱的美人。我看见她刚从地平线上升起，正在装饰着和振奋着她刚开始步入的崇高领域；像晨星那样闪耀着，充满着生气、光彩和欢乐。啊！多么糟糕的革命啊！我怎能注视着这种人世间的浮沉而无动于衷呢？我连做梦也没有想到，当她把尊敬的头衔封给那些对她怀有热烈、恭谨和高尚之爱的人的时候，她竟然不得不在胸前藏着剧烈的毒药，以防受到污辱；我连做梦也没有想到，我居然会沾着看见，在一个男子惯常向妇女倍献殷勤的国家里，在一个有很多尊重妇女的正人君子的国家里，这样的灾祸竟然会降临到她头上。我认为，哪怕有人用一种含有蔑视的眼光来威胁她，那就一定会有上万把利剑从剑鞘中跃出，为她报仇。——然而，侠义气概的时代已经过去了。继之而来的是擅长诡辩、厉行俭约和精于打算的人的时代；欧洲的光荣已经永远消失。我们永远也不会再看见人们对有身份的人和女性表示豁达的忠诚、矜持的恭顺、尊严的服从、真诚的谦逊了，而所有这些，即使在被奴役的时候，也使崇高的自由精神保持不衰。用金钱买不到的优雅生活、节约的国防、豪爽感情和英雄气概的培养，已成过去！道义感和对荣誉的忠贞不贰，曾把污点当作创伤，鼓舞人们的勇气而减弱人们的凶狠，使它所接触到的一切都变得崇高，并且在它的影响下，罪恶本身也会因失去其一切严重性而减少一半的祸害。然而，现在这都成为陈迹了。

“这种看法和感情的混合体系，在古代骑士中有它的渊源；这个原则虽因人世事务情况的不同而表现不一，但它在许多世代漫

长的延续期间，甚至直到我们所处的这个时代，是始终存在着和发挥着作用的。”

……

“可是，现在一切都要改变了。从前，所有令人愉快的假象使权力变得温和，使服从不拘泥于形式，使各种不同的生活协调一致，并且通过一种温和的同化作用，使美化和软化私人交谊的感情在政治生活中体现出来；可是所有这些都要被光明和理性的这个新的控制地区所消灭了。人生的整个合乎礼仪的帷幕将被粗暴地扯掉。道德想象的衣橱所提供的一切外加的观念外衣是心灵所具有的，是理解力所认可的，它们是遮盖我们赤裸裸的、冷得发抖的本性的缺陷并使之具有我们所崇尚的尊严所必需的，而如今都要被当作可笑、荒唐和陈腐的东西而加以戳穿了。

“根据事物的这种安排，国王不过是人；王后不过是女人；女人不过是动物；而动物是不属于最高等级的……

“这种野蛮哲学的安排产生于冷酷的感情和糊涂的理解，既缺乏坚实的智慧，又缺乏一切情趣和风雅；根据那种安排，法律只能依靠法律本身的恐怖手段来维持，依靠每一个人凭他自己的推测可能从法律中发现的或从自己私人利益考虑可能给予法律的关注来维持。在他们学园的园林里，在每一条林荫道的尽头，除了绞刑台之外，你什么也看不见。激发爱国感情的东西，一件也没有留下来。根据这种机械哲学的原理，我们的制度永远不可能在某些人身上体现出来（如果我可以用这个字眼的话），以便使我们产生热爱、尊敬、景仰或依恋之情。然而，那种排除爱慕感情的理性是不能补充感情的位置的。公众的这些同生活方式相结合的感情有时需要作为法律的补充，有时需要作为纠正法律的手段，而归根到底是永远要作为法律的助力。”

……

“每个国家都应该有一套生活方式，这是心理正常的人会愿意接受的。为了使我们热爱自己的国家，我们的国家就应该是可爱的。”

……

“最为确凿无疑的是，在我们这个欧洲世界里，我们的生活方式、我们的文明以及一切与生活方式和文明相关联的美好事物历经许多年代是以两个原则为基础的，事实上是这两个原则相结合的结果；我指的是绅士精神和宗教精神。”

柏克在《感想录》一书的前半部分详细论述了那些逐渐发展起来并在其不可思议的发展过程中与人性密切相符的制度的重要性。他说，英国的情况就是如此：——

“你们将看到，从《大宪章》到权利宣言，我国政制的一贯政策是提倡和维护我们的自由权，把它们看作我们祖先给我们传下来的并将由我们传给后代的遗产，把它们看作特别属于这个王国的人民的财产，而不必以任何其他更普遍或更优先的权利为依据。由于这个缘故，我国的政制虽然在其各个部分之间有着非常巨大的差别，但它却保持着协调一致。我们有我们祖先长期传下来的世袭国王和世袭贵族，有一个下议院和人民向来享有的各项权利、选举权和自由权。

“我认为这种政策是深思熟虑的结果；或者更确切地说，这是顺乎自然的美妙的结果，因为自然是不需要思索而又超越思索之上的智慧。革新的精神一般是自私心理和狭隘见识的产物。凡是不回想起祖先的人都不会寄希望于后世。况且，英国人民知道得很清楚，继承的观念提供了稳妥的保存原则和稳妥的留传原则，但它又并不排斥改善原则。继承的观念使人们能够不受约束地获得有价值的东西，但它又保护它所获致的东西。国家根据这些原则得到的任何好处都像某一家族依法划定的财产那样十分牢靠，像永远不能变卖的产业那样被保存起来。我们采用一种按照自然的模式发挥作用的立宪政策，赖以接受、保有和留传我们的政体和权利，就像我们享有和留传我们的财产和生命一样。有关政策的规章制度、大宗财产和天赋资源，按照同样的过程和程序被交给我们，又由我们交给后代。我们的政治制度同宇宙的秩序极其适应和协调，同那由短暂部分组成的永恒实体所必然具有的生存方式极其适应和协调；在那方面，由于伟大智慧的安排，人类大规模地和不可思议地结合起来，这个整体在任何时候都不是老年的、中年的或青年的，而是处在经久不变的状况之中；它在不断凋谢、衰败、更新和进步的多变历程中前进。由此可见，由于我们在国家行为中以及在改善的事物中保持了自然的方法，我们决不是全新的；就我们所保留的东西来说，我们决不是完全陈旧的。以这样的态度和根据这些原则来继承我们先人的事业，我们就不会受好古者的迷信的支配，而是会按照哲学类推的精神行事。由于选择了这样的继承原则，我们已经把血肉关系的形象赋予我们的政治组织；用我们最亲爱的家庭纽带来确定我国的政体；使我国的根本法律同我们的家庭之爱融合在一起；使我们的国家、我们的家庭、我们的祖坟和我们的祭坛密不可分，并用它们所有混合的、彼此相爱的热情加以爱护。”

在该书的结尾，柏克又谈到同样的论题：

“但愿我的同胞，不管他们从事什么职业，都把英国政制的榜样推荐给我们的邻国，而不要采取他们的模式来改变我们自己的政制。就我的同胞来说，他们已经有了一件无价之宝。我想他们现在并非没有忧虑和抱怨的缘由；但他们不应把这些归咎于他们的政制，而应该归咎于他们自己的行为。我认为，我们的幸福处境有赖于我们的政制；有赖于整个政制，而不是它的任何单独的一部分；并且在很大程度上有赖于我们在几次检查和改革后所保留下来的东西，以及我们所改变的或补充的东西。我们的人民将会发现，一个真正爱国、自由和独立的人在保卫人民现有权利不受侵犯方面有许多事情可做。我也决不会排除办法的改变；但甚至当我改变办法时，我也应该着眼于保存原有的优点。万一出现令人不满的严重情况，我也有补救的余地。我的所作所为都要以先人为榜样。我要使修缮工作尽可能符合房屋的格局。精明的审慎、周详的考虑、道德上而不是性格上的小心翼翼，乃是我们先辈在最关键的行为中所遵循的主要原则。法国的先生们告诉我们，他们享有非常充分的光明，而我们的先辈却无缘获得那种光明的启发，他们深受人类的无知和易犯错误这种倾向的影响，并在这种影响下行事。使他们如此易犯错误的造物主因他们的行为符合其本性而奖赏他们。如果我们希望承受他们的财产或者不愿当败家子，那就让我们仿效他们的审慎态度吧。如果我们愿意，不妨更加发扬光大；但我们应当保存他们所留下的东西；而且，由于我们站在英国政制的牢固基础之上，我们大可以仅仅满足于钦佩而不是企图仿效法国气球飞行员那种不顾一切的飞行。”

这些摘录只提供了关于《法国革命感想录》全部价值的一个不完全的概念;但它们足够表明,柏克所概括的一些重要原则甚至到今天仍然是英国托利党和保守派反对雅各宾主义的理论基础。要不是在他的著作中没有论及保守党政策的帝国主义方面,我们还可以进一步说柏克表述了现代"保守主义"的全部信仰。正如我们已经指出的,柏克始终具有守旧思想,并成为托利党人,但他不是帝国主义者。对保守党产生强烈影响的帝国主义偏见,同样是在反对法国大革命的过程中出现的,但它的出现带有偶然性,可以说是那场斗争的副产品,而不是有意识地反对雅各宾原则的努力的一部分。由于反对法国大革命就意味着战争,由于战争发展成为我国从未进行过的最大规模的斗争,由于在福克斯影响下的辉格党最初就是战争的反对派,并在整个斗争中是对战争提出不满意见的批评者,保守党便竭力维护英国在国际事务中的大国地位和权力。然而,直到那时,托利党的传统还不是帝国主义的。威廉三世、查塔姆勋爵①,以及初露头角的小皮特,都不是托利党人;然而,当皮特在革命斗争的压力下成为托利党领袖的时候,他带领他的新政党,使它不仅在当时而且在随后的一个世纪里成为一个帝国主义政党。

固然,在一个短时期内,辉格党人在帕默斯顿勋爵②的领导下掌管帝国政策。但保守党并没有因身受党派感情的压力而放弃其帝国主义立场。恰恰相反,帕默斯顿从保守党方面获得了议会对

① 查塔姆勋爵(Lord Chattam),即老威廉·皮特。——译者

② 帕默斯顿勋爵(Lord Palmerston)即亨利·约翰·坦普尔(Henry John Temple,1784—1865),英国政治家,1855—1858年和1859—1865年两度任首相。——译者

他的外交政策的巨大支持。随后在迪斯雷利同格拉德斯通[①]的斗争中，帝国主义几乎完全成为保守党的主张，因为格拉德斯通虽然对托利党和保守观点深表同情，却竭力反对帝国主义。但在1815年之后，直到十九世纪的最后二十五年，关于帝国主义的争论才在英国政治生活中起了重大的作用。在十九世纪早期的冲突中，守旧倾向和王党情绪是"保守主义"的支配力量。

只要指出最近一百年的政党斗争以六大事件为转移，我们就很容易说明这些斗争的性质了。其中五大事件对保守党不利，一件对自由党不利。最后两个事件离我们的时代太近，不便加以讨论：——一是"自由主义"遭受的唯一灾难，即1886—1895年关于地方自治的冲突；二是1903年开始的财政争论。其他四个事件可以略加论述。它们是：到1829年结束的关于罗马天主教徒解放的长期论争，1831—1832年改革方案的通过，1846年谷物法的废除，以及1867年户主选举权的颁布。

遗憾的是，不但是皮特的帝国主义见解，而且还有他的改革意见，都未能鼓舞他作为第一位领袖所领导的保守党的斗志（为此我要管它叫保守党，虽然这个名称直到1835年才被采用）。这是因为，根据保守的方针实行温和的改革是有效地对抗雅各宾主义的一个不可缺少部分。柏克在我引用过的、也许可以作为"保守主义"格言的一句话中认识到这一点，他说："我绝不排除另一种可以采用的办法；但是，即使我改变主张，我也应该有所保留。"不幸的

① 威廉·尤尔特·格拉德斯通（William Ewart Gladstone，1809—1898），英国政治家，曾四次任首相。——译者

是，继皮特之后的保守党领袖，除坎宁[①]之外，都认识不到为了保留原有的优点而进行改革的必要性。在战争的深重动乱中，甚至在紧接着战争而来的苦难年头，人们理所当然地会发表一些言论，为不折不挠地拒绝一切变革的主张申辩。然而，随着时间的推移，当反雅各宾主义的运动失去声势时，保守党人的顽固态度导致了一系列的灾祸。就罗马天主教徒的解放、议会的改革，也许还有关于谷物法的废除来说，对改革的抵抗坚持到最后一刻，因此在改革的过程中产生了某种震动。固然，以罗马天主教徒的解放和谷物法的废除而论，实际进行改革的是保守党领袖皮尔。但这种情况并没有减轻反而加重了长期抗拒和最后失败的灾难。那种改革本来无论怎样都会引起灾难和混乱，如今又增加了一点近乎背叛的味道。然而，即使撇开这种背叛的因素不谈，三次大改革所特有的引起混乱的震动在很大程度上不得不归咎于保守党。在解放罗马天主教徒的问题上，过错完全在于延误时日。在议会改革和废除谷物法的问题上，错误在于不愿设法逐步完成那种最后用激烈手段破坏旧制度的工作。没有任何事情比改革法案和废除谷物法的法令更加背离柏克所说的“修缮工作要尽可能符合房屋的风格”这一有保留的改革原则了。

我有意把这两种措施连在一起谈，因为它们是十九世纪前半叶我国体制中实行的同一巨大改变的两个方面。改革法案破坏了地主阶级的政治权力；谷物法的废除则取消了这个阶级曾经享受

① 乔治·坎宁（George Canning，1770—1827），英国政治家，1827 年任首相。——译者

过的经济特权，而这些特权是由于承认那些占有和耕种土地的人起着特殊的重要作用而许诺给他们的。如果把有关谷物法的斗争看成仅仅是或主要是自由贸易政策同保护政策之间的争论，那就忽略了这个斗争的要点。就经济理论而论，当皮尔仍然是谷物法的捍卫者时，他就已经采取自由贸易政策了；在这方面，他不过是步了赫斯基森的后尘罢了。然而，在1846年以前，保守党的政治家，特别是罗伯特·皮尔爵士本人，就已经习惯于发表议论，认为地主阶级有其特殊地位，必须予以特殊的保护，以防外国竞争的危险。谷物法的废除是要求有权享受这种特殊待遇的失败。这是改革法案在经济方面的翻版，结果使制造商和中产阶级取得了优势。地主阶级的这种衰替无疑是不可避免的，如果保守党曾使这种变革进行得比较缓慢，并采取较为稳妥的办法来防止变革所引起的危险，那就比较明智了。如果当初逐步克服代议制的缺点，逐步取消为数较多的声名狼藉的市镇的选举权，并逐步承认大市镇的代表权，那么，1832年的严重危机也许就可以避免，保守党因失败而招致的实力损失（例如，苏格兰的长期疏远）——从某些方面来说也是相当持久的损失——就不致发生。与此相类似，如果在1845年的危机使问题变得非常严重之前，保守党人就愿意降低谷物税，那么财政改革也许会实行许多年，并且可能同地方税的相应改革结合起来，从而使土地和其他形式的财产共同分担沉重的地方税。最后而又十分明显的是，如果爱尔兰的罗马天主教徒在奥康内尔[①]的鼓动之前就获得解放，他们也许会接受立法机关的联合，要求废除

① 丹尼尔·奥康内尔（Daniel O'Cornnell，1775—1847），爱尔兰民族主义领袖。——译者

谷物法的呼声就不会提高，我们就不会听到地方自治的呼声，而罗马天主教惯常的保守情绪也会使南爱尔兰人成为联合王国政治生活中的一个稳定的而不是不安定的成分了。

这些错误有很大一部分应归咎于罗伯特·皮尔爵士。那种认为纵然没有哲学见识但有高度实践能力也足以使一个政治活动家不犯严重错误的想法是错误的，皮尔就是犯这种错误想法的一个例子。作为一位注重实际的政治家，皮尔是出类拔萃的。他是个伟大的行政官，在领导和处理下议院的事务方面比其他人要高出一筹。他那颇具特色的性格使各种组织机构运转自如，顺利地执行一个大国的政府工作，并利用学者的调查研究和哲学家的专题论著作为论战的工具，而不是把它们当作探索政治家治国之道的指导。柏克是个理论哲学家，而皮尔则显然是个实干家。其结果是，支配皮尔的行动的，是对其自身开展行政工作能力的自觉性，而不是任何抽象的原则。只要不允许爱尔兰解放也能加以统治，他就反对给予解放。只要不废除谷物法也能执行国家的财政工作，他就维护谷物法。然而，任何抽象的论点都不会使他产生的那种转变，却由于事实的必然结果而立刻产生出来。一场迫在眉睫的爱尔兰内战和那里的一场实际饥荒完成了有关宗教自由或自由贸易的任何考虑所从来没有完成的事情。然而，纯粹讲究实际的人的弱点在于缺乏先见之明，尽管对问题的实际情况了解得很清楚。因此，除非事实迫使他让步，这就是说，除非抗拒所造成的不幸已经出现，他总是坚持抗拒的。这种不能高瞻远瞩的实干家片面地看到了推行向来遭到反对的政策所招致的精神冲击。这是因为，言行一致是宜于那些经过训练而珍视严谨的政治学说的连贯

性的人培养出来的美德。事实上，讲究实际的人的特殊优点在于他们是机会主义者，在于他们不管自己今天的行为是否同昨天的行为属于同一政治思想范畴，只要昨天和今天他们都能达到预期的目标就行了。但机会主义者必须牢牢记住：在进行种种政治活动的冲突中，人们在精神上激发出各种各样的强烈感情，形成道义上的联系；一个政党领袖仅仅像工程师那样使他的手段适应其目标的需要是不够的。他还必须是追随者们的导师，部落中人的首领。他激发人们从内心产生的忠诚，并且必须问心无愧地享有他们的忠诚。这一点正是皮尔所没有做到的。由于他缺乏深谋远虑和行动上的一贯性，"保守主义"所受的损失超过了他卓越的实际工作能力所获得的好处。

皮尔在保守党内的地位由德比和迪斯雷利接替。在他们的领导期间，"保守主义"遭到了第四次大打击。1867 年户主选举权的通过所招致的毁誉，同废除谷物法所引起的后果不相上下。然而，迪斯雷利的动机和性格与皮尔的不同，就像人们的动机和性格很可能各不相同一样。迪斯雷利根本不是缺乏远见，而是具有敏锐的判断力，足以辨别当时的主要趋势和动向及其可能产生的后果。他既是讲究实际的策略家，又是理论家。1867 年的错误不在于他没有看出民主运动的性质，也不在于他过分顽强地力求抗拒这个运动，恰恰相反，倒是因为他不顾本党先前的态度和旧日的传统，迫不及待地在舆论提出要求之前就扩大选举权，结果就使"保守主义"情绪遭到了中伤。他走得太快，而皮尔却走得太慢。他预料到民主制度最后必将建立起来，但他过分低估了那些胜过改革家和"挫败辉格党人"的保守党人所遭受的精神上的损失。这样，由于

他的想法同那曾经打动过皮尔的想法几乎相反，他陷入了言行不一的有害境地。1868 年和 1880 年两次选举的灾难，无疑是他曾诱导我国向民主制度大步迈进的结果。也不能把这两次选举中间的 1874 年选举的成功说成是一种补偿。同 1886 年和 1895 年的选举不一样，1874 年选举的结果只是击败自由党，而没有使该党的情绪趋于低落。在 1874 年，无论是托利党还是保守主义阵营中的保守派和帝国主义派，都没有获得任何好处，足以弥补格拉德斯通在第一次和第二次执政期间所蒙受的损失。

现在我们过分接近于涉及当代的政治论争了，而这种情况在预定要进一步做历史考察的书里是不适宜的。密切注意从法国大革命的爆发到现在这一个世纪的学者会看到，在这段时期的前期和后期，王党主义、自然的守旧倾向和帝国主义这些力量在保守党内部都起了作用。他将看到，该党在这整个世纪里坚决主张捍卫教会和维护人民的宗教生活；它维护财产权和现有的社会秩序而反对革新；它尊敬并在必要时捍卫国王和宪法。保守党人不像早期的自由党人那样厌恶乞求权威的助力，他们致力于通过立法手段来改善贫穷阶级的苦难，并在这个方面胜过他们的对手。最后，从 1793 年法国战争爆发到 1902 年签订弗雷尼欣和约，我国的大国地位和权力在保守党人当中找到了它们的坚贞不渝的优秀战士。

在这本书的其余几章，我们将讨论“保守主义”在其中起一定作用的一些更为重要的争论。要详尽地评述这些讨论所涉及的极其广泛的范围，那当然是不可能的。所能做到的不过是约略的概述罢了，但我们希望这种肤浅的评论不至于使那些渴望估计“保守主义”在当代政治生活中所起作用的价值的人感到索然无味。

第 二 部 分

第四章　宗教和政治

在讨论“保守主义”的原则时，正如在讨论一切政治原则的场合一样，有个需要首先解决的问题。政治原则必须符合某种是非标准。甚至在我们能够开始考虑如何规定任何政治行为准则之前，我们就必须对于据以进行判断的标准有个明确的看法。对于这种必要性，政治问题作家们不一定时时都牢记在心。这样一些作家据以作出政治判断的根本的基础，也不总是阐释得很清楚。他们往往采取一种以道德为准绳的立场，使用赞美或指责的语言，好像他们认为从道德的角度进行考虑是极端重要的问题；可是他们并不把他们所采取的道德标准以及他们所援引的道德律解释得明明白白。结果使读者有不完备之感，甚至有时感到意义含糊。读者并不总是相信所提出的理论从道德上讲是颠扑不破的，但他无法检验他的疑虑，因为他不知道作者究竟是在什么法庭上进行申辩的。因此，为了使这本书从头到尾都显得互相连贯、条理分明，那就应该采取一种明确的道德判断标准。

如果要采取某种明确的道德标准，那么，我们不必多费唇舌就可以表明，我们所必须选择的只能是《新约全书》中揭示的基督教道德观念。这向来是并且目前仍然是现代保守党各种各样成分的立场，而且的确也是大多数人民的立场，不管他们隶属于哪个政

党。固然，现在有一种虽然阐述得并不十分明确但日益强烈的倾向，认为人们有权探究《新约全书》在道德方面的权威，并赞成用另一个不明确的标准来代替它。然而，这个倾向至今还不十分强烈，没有必要在这里对它进行详细的探讨。我们这样说就够了：在这些篇页中，凡是考虑到道德问题的地方，凡是表明或暗示任何一种理论或行径在道德上是正确或错误的地方，我们总要援引《新约全书》的道德教义。

凡细心阅读《新约全书》的人一定已经明显地感到，它直接论及国家问题的教义是不多的，甚至是贫乏的。不论在《福音书》或《使徒行传》中，我们读到的论述国家的词句并不多。它不止一次地坚持要求履行服从国家这个义务。把宗教问题同世俗问题分开的教导见于如下的一句名言："属于恺撒的东西归给恺撒；属于上帝的东西归给上帝。"在全部《新约全书》中，忍耐的顺从、甚至对压迫的顺从的例子很突出。但此外就几乎没有什么了。《新约全书》关于政治问题的直接教导可以归结为这样一句话：在国家本身范围内服从当局的意志是人民应尽的义务，但那个范围并不扩大到纯宗教问题。

这句简单的话并不是要人们远离政治；虽然这个命题似乎无可争辩，它的全部意义和范围却极不明确。事实上，有一点是很清楚的，那就是：在国家固有的范围内，个人必须服从国家，这不仅对国家的良好秩序，而且对国家本身的生存来说都是必要的。如果规定人民不必服从国家，那将是毫无意义的荒谬之举。国家这个概念包含国家所掌握的权力和个人对国家的服从这两层意思。然而，甚至关于这个基本命题，意义深远和重要的意见分歧也已在历史上起了显著的作用。因为当时产生了这样一些问题：国家固有

的范围是什么？它的限度是什么？从《福音书》的表面文字来看，国家是不得过问上帝的事情的。那些事情是什么呢？明确地排除在国家权力之外的宗教问题是什么呢？恺撒的王国和上帝的王国之间的界线是什么呢？除了这种限制以外，有没有别的限制来保护臣民，使他们免受难以容忍的冤屈呢？

在最早的时候，人们认为不管统治者的暴政多么严重，臣民也没有任何正当的办法去纠正这种暴政。必须承认，在《新约全书》的字里行间有许多话是支持这种看法的，但这种早期的看法现在没有人为之辩护了。现在大家都承认，有暴政就有反抗暴政的正当理由；然而，施政不当的情况到什么程度才可以正确地被视为暴政，或者可以认为有正当的理由加以违抗呢？是否有不同程度的暴政就有不同程度的反抗理由呢？在什么情况下才有拒绝纳税或拒绝服从法律的正当理由呢？错误发展到怎样严重的程度才可以用叛乱和暴力来对付呢？哪一种残暴的压迫才需要举行武装暴动和流血斗争呢？直到现在，这些仍然是社会上一般人的判断还没有作出定论的问题，而且关于这些问题的议论也是非常含糊和缺乏说服力的。在最近几年，出现过两次确实是反抗法律的重大事件，在最近的将来还可能出现第三次更加重大的反抗事件。独立教派拒绝缴纳教育捐税，理由是缴纳这种捐税不符合他们的信念。提倡妇女选举权的人为了使舆论清楚地认识到他们确实在争取妇女选举权，就吵吵闹闹地走近议会，殴打警察和采取其他暴力行动；在贝尔法斯特①及其周围地区，反对地方自治的居民声称：他

① 贝尔法斯特(Belfast)，北爱尔兰的海港和首府。——译者

们在任何情况下都不能同意受爱尔兰民族主义议会选出的政府管辖，他们准备哪怕暂时脱离隶属关系也不愿那样俯首听命。探讨这些反抗理论在这些具体情况下究竟有多少正当理由，可以说是不在本书的论述范围之内。然而，值得指出的是，关于这样一类的争论，几乎从来没有公开讨论过关于反抗国家权力的合理限度问题。“保守主义”的传统态度是支持国家权力的，并且通常可以认为它赞成尽可能限制反抗的权利。老托利党人的后代根据《新约全书》的语言进行论证，断然认为臣民对统治者的任何积极反抗都是不正当的。他们强调指出，圣彼得和圣保罗曾教导人们服从尼禄[①]；而近代的任何政府从来没有像尼禄的政府那样坏。这种显得颇有论证力的主张，只有当经验证明为不可容忍时才被人们抛弃。当国王詹姆斯二世强迫把牛津各学院移交给罗马天主教徒并打算惩罚七个向他请愿的主教时，托利党的大部分成员相信，虽然这种令人恼火的事情肯定不像尼禄的残暴行为那么穷凶极恶，但是，如果使徒们遇到这种事情，他们恐怕是不会禁止人们起来反抗的。从那个时候起，人们越来越普遍地从心底里赞同辉格党所提出的在遭受压迫时实行反抗是正当的这一主张。然而，对于什么样的压迫实行反抗才有正当理由这个难题，直到现在还没有作出决断。

现在对这个问题就更难给予准确的回答了，因为就反抗这一点来说，除了认为只有当屈从所造成的祸害显然超过反抗所造成的祸害时，反抗国家权力才有正当理由这一笼统的原则之外，不容

① 尼禄（Nero，37—68），54—68 年任罗马皇帝，以残暴和腐败著称。——译者

易规定任何更有用的原则。而且在应用这个原则时还会遇到一种危险的诱惑，容易过高地估计屈从所造成的祸害，因为它比反抗所造成的祸害更为明显。不仅如此，如果采用这个原则，那就容易使反抗在很大程度上成为常用的政治手段。它似乎是要驳回这样的权利要求：国家的权力带有某种神圣不可侵犯的性质，因此，反抗国家的权力必须被认为不仅是有害的而且是亵渎神灵的行为。反抗的问题成为权衡各种不同策略的得失问题；在合法的反对和不合法的反抗之间，只有程度上的差别，很难划清任何道德上的界线。显然，如果问题只是关于策略的互相冲突的论证问题，那么，每次考虑时就必须以该项策略的利弊为依据。这在很大程度上将取决于所要采取的具体反抗形式。拒绝纳税所造成的祸害比起使用枪炮来要少得多，而需要证明其为正当的重大理由也少得多。此外，也许有人会仿佛理由十足地认为，像议会妨碍议事进程或近来打算运用封爵特权等合法行为，比起拒绝纳税甚至比起不很激烈的暴力行为和骚动来，危害更大。不难设想，人们可能会在许多场合提出错综复杂的论点来支持或反对反抗法律的行为。然而，让社会秩序的稳定性取决于某个时刻关于政治危机的诡辩，那是危险的。我们祖先所放弃的、认为统治者的权力神圣而不可抗拒的主张，与那种认为反抗的正当理由完全取决于当时情况的得失利弊的主张之间，很难看出有什么合乎逻辑的见地，但人们当然希望能够提出某种比较明确、比较容易应用而又能够被人们普遍接受的原则。因为从目前的情况来看，反抗的事件好像越来越司空见惯了。在这令人困惑的处境下，保守党人并不比激进派能提供更好的指导。我们充其量只能说，保守党人大体上比激进派更倾

向于当局方面，尽管像爱尔兰事件所表明的那样，环境的强大作用有可能使这两派的态度颠倒过来。

现在必须说一说关于国家不得干预宗教事务以及教会和国家的正确关系问题。然而，在谈到这个问题之前，我们必须注意到先前的一场争论。尽管《新约全书》对政治问题所作的直接指示很少，但常常有人主张：基督教常常同一种政治制度有明显的密切关系，并且人们可以要求基督教权威的帮助来为那种制度的鼓吹者辩护。奇怪的是，这种主张所维护的制度竟然是特别颂扬国家职能的社会主义。这种主张十分强烈，并且得到广泛的认可，所以，仔细研究它有多么深厚的理论根据，也不算浪费时间。

如果想从《新约全书》引用一行文字，其中赞成把国家职能扩大到维持秩序和镇压罪行这个基本职责以外，那确实是不可能的。正如上文已经说过的那样，在《新约全书》的篇页中，国家几乎完全隐藏在幕后，我们几乎听不到它的声音，“区社”和“社会”等措词并不表达这类的概念。《新约全书》的教导是对个人的良心说的，并且只涉及一个社会组织，即“天国”或教会。精神社会以及属于这个社会的社会生活的重要意义和突出地位，使得忽视国家的态度显得格外引人注目。例如，在《使徒行传》里，我们觉得自己处在某种社会即早期教会的生活之中，但我们所能看到的国家则不过是一股迫害的力量，基督教徒对国家的义务除忍气吞声而外，没有别的。在“山上垂训”的几章里，基督关于门徒中间盛行的一项新的生活标准谈得很多，而关于国家则根本没有提到。《使徒行传》的观点也是如此。许多话讲到各个基督徒应尽的种种义务以及希望他们遵守的一般行为准则，还有许多话提醒我们不要忘记基督徒

是属于社会组织的;然而,除了服从这一基本义务之外,我们没有读到任何论述国家的词句。教会和个人是《新约全书》的论题,国家则杳无踪迹。

看来很奇怪的是,我们竟然屡次听到人们说,《新约全书》是社会主义的,或者说基督是个社会主义者等等。因为社会主义当然是完全以国家为中心的。社会主义者希望通过国家所起的作用,来解决有关贸易和工业、富裕和贫穷等一切问题。社会主义者梦寐以求的是类似人间的天堂,他们认为这个理想可以通过国家的行动,借助于扩大国家的职责,把有关人们物质福利的大部分事务集中在国家手里等办法来实现。恐怕没有别的理论比这更不符合《新约全书》的教导了。

然而,认为《新约全书》具有社会主义性质这种印象既然非常普遍,那就不能说它是毫无根据的了。我们不难看出,造成这种印象的原因在于《新约全书》对富人提出了有力的警告,而对穷人给予祝福这一最显著的特点。思想不严密和语言不明确的人惯常认为,凡是看起来似乎是颂扬穷人和反对富人的言论就具有社会主义的性质。但是,这种设想其实是极其肤浅的,因为不但《新约全书》没有片言只语表明甚或暗示国家有解救穷人苦难的职能,而且论述贫富关系的全部内容显然只涉及个人。在《福音书》中,每逢提到贫富,总是只考虑它们对富人或穷人的精神幸福所产生的影响。因此,贫穷总是被看作一种有福的状况;富裕则是一种充满着精神危险的状况。这种观点显然同社会主义者的观点、甚至同任何一个现代社会改革家的观点大相径庭;因为这样一个改革家的努力显然包含一种假设,认为富有比贫穷好得多,而《福音书》所教

导的，则是贫穷胜于富有。这种差异产生于这样的事实，即社会改革家完全想到这个世界的事情，而《福音书》的教导则完全谈到富裕和贫穷作为进入另一世界的准备状况所具有的效果。《福音书》总是把财富的物质意义看作是次要的，并把注意力集中在它的精神效果上面。在财主和乞丐的寓言[①]中，财主的奢华宴乐使他在阴间受苦，而乞丐的贫困却使他被带到亚伯拉罕的怀里。还有，富人得到拯救和进入天堂王国这件事被描写得非常困难，几乎是奇迹一般，其所以还有可能，只是因为对于上帝来说，一切事情都是可能的。另外据说寡妇的一文钱比富人的一切捐赠还要多，因为那一文钱虽然在物质上较少，但因她做出更大的自我牺牲，在精神上是较多的。这种教导具有高度的个人主义性质。正是一个人的个人精神幸福才是评定财富价值的标准。不仅是这方面表明《福音书》的教导同现在提倡社会改革的人通常所使用的语言相差很大。《福音书》所说的是现在人们称之为"另一世界"的情况，这就是说，它指导人们不要把目光盯住这个世界的痛苦，而是要着眼于在另一世界必然能得到的幸福。而且，我们在《福音书》上看到，贫困并不被视为一种不幸，而物质财富除了可以提供施舍的机会之外，严格地说来是毫无价值的。另一方面，现在人们通常向我们保证，我们不需要施舍，而只需要重新调整社会的生活条件以摆脱贫困，从而不必求助于施舍。最后，寓言中乞丐的苦难被说成是他后来进入极乐世界的原因。另一方面，现在人们经常要我们相信，除非首先设法改善灾难深重的人的生活，使他们享受到物质福利，否

① 见《新约全书》，《路加福音》第十六章，第二十节。——译者

则，只希望他们得到道德上或精神上的新生是毫无用处的。

我想，这种异常悬殊的差别的一些特征是无法用三言两语解释过去的；然而，尽管这种差别可能看起来异常明显，我们仍然可以肯定地说，虽然《新约全书》中没有社会主义这个字眼，虽然任何一种现代形式的社会改革都不能直接引用《新约全书》的词句，基督教却向来是、现在仍然是改进社会的主要源泉和鼓舞力量。

这种情况确实是基督教对世界发生作用的颇有代表性的事例之一。原始启示的直接影响完全针对个人。然而，个人改信了基督教以后，由于具有新的信徒资格，就必然成为一股改善社会的力量。用如下一种与一般信仰相反的话来说明这个问题，也许是最为恰当了：基督不是个社会改革家，但基督徒却不得不成为社会改革家。这是因为，既然基督教信徒必须遵守爱人如爱己的原则，并且得到了关于富有和以私心来使用财富的危险这个被特别强调的警告，他在观察世界时就看到了同胞的不幸处境，那种处境使他良心深受谴责并严重地威胁着他心情的平静。只要他力所能及而能够做到的事情，他都开始试着去做；但他的进程是缓慢的，并且使人泄气，因为他所做的事情比起他所知道的大量悲惨景象来，就显得很少了。在当时的形势下或他自己所处的环境下，他只能做到这一步；然而，如果他发现有机会在自己从事的职业中做出一个单独的个人所无法做到的事情，并依靠大规模的政治工作和社会工作来造福人类，那么，基督教的教导在他心中引起的焦虑就会驱使他抓住机会，开始作为一个政治家和社会改革家进行活动。他纯粹以个人的资格应召参加的那种精神生活，一旦被选定以后，就把他卷进社会活动中去。在以前的各个时代，这种冲动使人们采取

不同于现在流行的方法去造福社会。但在所发生的事情中，有一种本质上的一致性。宗教和学术上的慷慨捐赠，教会的赈济组织和慈善事业，宗教团体致力于救济事业的忠诚，游侠骑士的气概——所有这些事例都表明，基督教的力量促使许多人按照他们的人生哲学去造福社会。现在的社会改革则采取另一种形式。然而，基督教仍然在那些个人主义的据点、即人类的情感和良心的范围内起着作用，驱使人们迈开步伐，为他人服务；对他们所处的社会作出贡献，以这种行动来拯救他们自己的灵魂。

同人类其他的冲动一样，这种冲动可以很容易促使人们过分性急地向前挺进，忘记热情迸发时保持审慎。但是从基督的启示来看，他们可能会找到关于忍耐的劝告。谆谆教导贫困所带来的福祉，理应使基督徒不致像现在许多人那样堕入奢侈浪费的魔境，以致认为道德上和精神上的幸福是赖于相当富裕和舒适的生活环境。力图改善受苦人的物质条件，是符合基督的精神的；然而，如果认为不但今世的事情，而且精神生活本身都有赖于物质财富，那就同基督的精神背道而驰了。在《新约全书》的篇章中，也有例子表明，最严重的社会罪恶是可以容忍的，且其祸害只在特殊的情况下才有所减轻。《圣经》的英译者们非常胆小，竟把一件事实隐瞒起来，不让普通的读者知道。这种做法如果是出于罗马天主教徒之手，我们多半会骂他们阴险狡猾。那件事实是：圣保罗容忍了奴隶制，他不但不在基督徒中间要求废除奴隶制，反而满足于用基督教的博爱精神去感召奴隶主和奴隶，以削弱压迫的锋芒。在使徒们的时代，攻击奴隶制的行动也许已经增添了基督教的革命面貌，使基督教更难被人们所接受，而没有提供任何好处以资补偿。然

而，如果我们认识到在容忍如此巨大的祸害方面所表现出来的明智之处，我们当然就应该把基督教传达的关于忍耐的教训铭记在心。虽然我们现今遭受的社会祸害是巨大的，但无论如何不像使徒时代的奴隶制那样严重。可是那种严重的祸害并没有促使使徒们企图进行徒劳无益的和令人不安的鼓动活动。他们宁可把基督教的仁爱原则逐渐传播出去，以缓和一种基本上违背这项原则的关系，并且通过逐渐进行的缓慢过程，消除基督教社会中的奴隶制。这种行动同我们今天有些基督教社会改革家的做法截然不同。

即使如此，现在的基督教肯定是赞成社会改革的。可是，它是否也赞成社会主义呢？我们已经指出，把基督称作社会主义者是非常错误的。但是，正因为基督拯救个人的方法最终会导致社会改革，我们可以说这个方法也导致社会主义本身。基督的精神驱使基督徒为改善社会而努力。那种精神是否也驱使基督徒把所有的生产资料，连同贸易、工业和商业，都交给国家来掌握呢？

不能否认，基督徒有充足的理由来谴责现有的工商业组织。竞争制度肯定不是基督教的制度。从事工业或商业的人的主要动机是自私自利而不是仁爱，而基督教则无可置疑地要求所有的人用仁爱的精神来处理彼此之间的关系。尽可能以低价买进，以高价卖出；以尽量低的工资去雇用劳工；付出劳动力仅以获得职业所需的数量为限；不论雇主或雇员都力求牺牲别人来为自己谋得利益——这些都不是基督教特有的行为。从违反十诫的任何一项原则来说，这些都不是不道德的行为，因为它们不是欺诈或暴力行为，不过是自私自利罢了。它们基本上所隶属的道德体系低于《新

约全书》所启示的道德体系。这是善良的人们所应该牢记的，因为他们常常看到工业生活中震撼他们良心的特征而感到痛苦。我们往往听到，并且近年来还听到许多牧师说，我国广大人民的贫困和苦难是基督教的耻辱。这种话是对的。但奇怪的是，这种耻辱竟然引起人们那么大的惊讶。我们不能期待以自私自利为其主要动力的制度会产生基督徒的良心所能接受的结果。你不能从蓟草丛中摘取无花果。许多优秀的传教士批评社会的现状，哀叹人民的生活条件，这样，他们就像那些到蓟草地里找不到无花果而大声抱怨其长满针刺不结果实的人一样。

因此，到目前为止，似乎有一个明显的事实确实不利于实行社会主义而有利于废除竞争制度，并代之以另一种较好的制度。但什么是竞争制度的祸根呢？研究这个问题是很重要的，这是因为，如果不去掉这个祸根，我们仍然能够肯定地说，即使我们可以改变它的具体表现，我们还不会纠正它的错误。祸根是非常明显的。那就是人们常常受自私心理的支配。如果基督教要想改革社会制度，它只有劝使人们用仁爱代替自私，才能卓有成效地进行这项工作。再确凿不过的是，人类社会的结构将仅仅表现人类的性格，不会加以重新改变。性格将改变社会制度，但要社会制度去改变性格，那还需要有更加活跃的力量才行。由此看来，除非未来人性的改善将普遍地由仁爱来代替自私，否则我们在一开始就可以断定，社会机构或政治机构的任何改变都不会纠正社会的弊病。

目前的问题不是社会主义者所主张的某种结构究竟会产生良好作用还是产生不良作用的问题。问题在于社会主义究竟对基督教有没有天然的吸引力，以致一个基督教徒本身就应该是个社会主义者。不错,一个基督教徒应该是现有竞争制度的批评者。然而,他所以应该是这种制度的批评者,只是因为自私自利的原则支配着这种制度。结构上的任何改变都不会满足这种批评,因为毛病在于那些执行这种制度的人的性格;或者更确切些说,这种制度就是某些人的部分恶劣性格的表现。所以,人的性格需要有所改变,才能使基督徒的反对贸易和工业竞争组织的意见得到满足。社会主义者并不自称要改变人性。他们只主张用国家的调整行动代替竞争作用。人们将不再得到用劳务换取的报酬,他们所得的报酬将以国家认为适当的数额为限。由于国家将由民主选举的权力机构来管辖,它将判定那些从事工商业的人所作出的贡献的价值。这决不是一种容易做到的事情。现在我们所说的人们作出的贡献的"价值",意味着他们通过竞争以那些贡献所能换取的报酬。然而,如果没有竞争,这种确定价值的方法就将不合时宜。代替的方法是:国家或被赋予国家职能的最高政府部门将必须按照它的判断,来评定人们所作出的贡献的固有价值。它必须决定支付给农夫多少报酬,支付给棉纺工人多少报酬,支付给火车司机多少报酬,支付给各种不同种类的工人和工匠多少报酬,支付给负责监督和组织工作的人多少报酬,支付给从事脑力劳动而非体力劳动的人多少报酬,支付给办事员和秘书多少报酬,支付给经理和领班多少报酬,支付给庞大工商企业中从最高职位到最低职位的每一个有关人员多少报酬。现在让任何人都不计这些人员或这些阶层所作出的贡献的竞争价值,而力图设想一下怎样用一个只考虑其对国家的效用或者还考虑其劳动的难度的标准,来确定他们的报酬吧。显而易见,在估计各个不同阶层的工作的价值时,很可能会产

生许多意见分歧。那么哪种意见会占据上风呢？对于所引起的分歧又将如何解决呢？人们将仍然是自私自利的。每一个人将像在竞争制度下一样，仍旧想得到尽可能多的东西。在目前的情况下，每一个人是通过竞争来取得尽量多的东西的。然而在社会主义制度下，他将利用他的选票和政治影响来取得他所能够得到的尽量多的东西。一个以自私心理为其刺激动力的民族，当它按照社会主义原则组织起来时，就会分裂成各个阶层，他们会经常运用他们最大的力量来对国家的施政机关施加压力，以便从公共基金中为他们自己取得更优厚的支付条件。简单地说，竞争毕竟不会废除，它不过将采取另一种形式罢了。市场竞争没有了，代之而兴起的将是投票站上的竞争。人们不再通过彼此之间的讨价还价和对统治者施加压力的办法来追求他们的利益。我说你们是会碰到这些事情的；事实上，既然国家已经插手，你们确实是碰到这些事情了。那些受雇于船舶修造厂和邮政局的人，经常运用他们的政治势力以便从国家手中为自己取得优厚的雇用条件。在社会主义制度下，每一个从事商业或工业的人将和船舶修造厂工人或邮局职员处于同样的地位。所有工人的做法将同现今各劳动阶级的做法一样。他们为了改善他们的雇用条件，或者为了获得较高的工资和较短的工作时间，将迫使内阁大臣和议会议员接受他们的要求，并时而投这边的票，时而投那边的票。然而，当整个工业社会的情况都是一样的时候，又增加了一层困难，那就是，没有任何竞争的价值标准可以提供关于合理工资和不合理工资的论证依据，斗争将更加激烈，在勾心斗角的各个阶层之间出现的怨恨将比我们今天看到的任何情况更加背离基督教精神。在新的竞争下，正如在旧的竞争下一样，最弱的人将归于失败。那些得到选票最少而又最缺乏政治势力的人在斗争中将黯然离去。从新的意义来说，将产生一批工人贵族，他们将依靠自己的政治势力获得国家的欢心，不断增多报酬的份额；缺乏政治力量的最穷苦的阶层也将产生出来，他们将被其他较强的劳动阶层打败。现在一切直接刺痛基督徒良心的情况将重新出现，它们重新出现的形式甚或比现在更加无情和残酷。这片田野将仍然只生长蓟草而不生长无花果。自私自利的人性必然又使弱者受苦，因此基督教并不重视任何让人类的道德本性保持现状的政治变革。

基督教并不要求我们成为社会主义者。社会主义与个人主义之间的问题是个政治机构问题，同基督教并无直接关系。然而，当我们转换论题，探讨社会主义的一些鼓吹者所推荐的方法而不是社会主义运动的目标时，我们可以进一步说，这样一些方法往往是不符合基督教的道德观念的。《新约全书》充满着对于自私自利地享受财富的人的严重警告，那些对此合理地留下深刻印象的人有时却产生误解，贸然得出结论：剥夺自私自利的人所滥用的财富并且把它移交给穷人是符合基督教精神的。但这是最根本的错误；它恰恰忽视了《福音书》有关财富的教导的重要论点：解除贫困是一切基督徒的义务；放弃全部财富也许是某些人的义务；但是，如果这些自我克制的行为是被迫作出的，那么，它们就失去了使其具有基督教性质的唯一因素。从《福音书》所采取的观点来看，财富本身是没有什么意义的；但它们可以成为使它们的占有者陷于自私自利的媒介，或者可以使其占有者有机会用自我牺牲的精神来实施仁爱。仅仅把物质财富从一个口袋转移到另一口袋的做法，

如果所用的方法正当，基督教就会把它当作无关紧要的事情而不予理会，如果用不正当的手段来做，就斥之为欺诈。因此，就国家来说，运用手中的权力把一部分人的财产给予另一部分人，其行径同财主和乞丐或乐善好施的撒玛利亚人[①]等寓言所包含的教训毫无共同之处。如果我们假定乐善好施的撒玛利亚人按照人们有时要求国家所做的那样去做，我们就能清楚地看到这一点。假定他不是自己花钱去救济那个受难人，而是追赶祭司和利未人，强迫他们回去，用他们的油和他们的酒来照顾受难者的疾苦。假定他要他们把那可怜的人扶上他们的牲口，带他到旅店里去，最后还强迫他们每人交出一钱银子，用来支付款待的费用。是否有人认为，乐善好施的撒玛利亚人在这样做了以后，会被人尊崇为基督徒以仁爱对待其邻人的典范呢？十分明显，尽管人们对于奢侈生活的盛行、对于纯粹以自私为目的的挥金如土、对于巨富和赤贫之间令人痛心的差别所给予种种非难是何等正当，但那些非难从基督教的观点来看并不能提供哪怕是最微弱的理由为强行把富人的财产转移给穷人的做法辩护。基督徒的自我牺牲完全缺乏这样的转移。国家并不作出任何牺牲；富人不过是征用财产的牺牲者。他们陷于贫穷，但仍然自私自利；因为强制措施并不能够纠正自私。无私的观念是自愿的。像怜悯一样，它的性质不是勉强的。强迫的无私是荒谬的说法，在措词上是矛盾的。

然而，关于乐善好施的撒玛利亚人这个寓言的新版本并没有充分阐明《福音书》的教导同主张用议会法案把一个阶级的财富转

① 见《新约全书》，《路加福音》第十章，第三十一—三十七节。——译者

移给另一阶级的建议之间的差别。要显示那种差别，我们必须完全撇开乐善好施的撒玛利亚人，并假定躺在路旁的那个受伤者已经充分恢复元气，足以袭击那个祭司和利未人，用威吓和暴力的手段强迫他们给他救济。很明显，在这个最新的版本中，祭司和利未人在这个故事中变得最不该受到谴责，因为他们无论如何不能算是不诚实，而那个受伤的人却变成拦路强盗。其坏的程度只比原先抢劫他的那些盗贼轻一些。然而，他却很可以比作一个民主国家的多数选民，因为他们居然运用他们的政治力量，以便用法律手段夺取富人的财富，分归他们自己享用。

这种方法当然同基督教格格不入。然而，提倡社会主义的人很可以说，他们中间的许多人根本否认想用任何革命没收的法令来夺取现有业主的财富。的确，他们推荐各种征税的方式，但我认为我们可以证明这些方式实际上是不公道的，并且带有没收的性质。那是我们将在另一章讨论的一个争论问题。然而，只要他们承认国家不应为了救济穷人而没收财产，他们的建议就不会同基督教的教导有直接而明显的矛盾。社会主义同基督教之间的另一个所谓矛盾，也是属于推断和论证的问题，而不是直接的和明确的问题。人们往往说，社会主义者要废除私有制，同时还要废除家庭和基督教的婚姻法。所谓实行社会主义事实上会产生这些后果这一论断，可能是正确的；但社会主义的许多忠实信徒竭力否认这种说法。他们说，他们只主张废除生产资料私有制，而不打算废除一切私有制，并且说他们的观点同保持家庭和保持道德准则所需要的一切婚姻法完全相一致。面对这些论断，我认为说社会主义者在这些方面是基督教的敌人这种话，是不公平的。在引用基督教

的道德标准方面，最为重要的莫过于承认这样一点：当提出的责难以一系列有争议的论点为基础时，谴责人们犯有非基督教的行为或怀有非基督教的企图是不公道的。当政治批评根据基督教观点来指出在制订任何政治方案方面可能产生的根本困难时，它是有它特定的范围的。但是，道德的谴责应严格地限于那些较为罕见的事例，在那些事例中，我们可以看出在政治建议和基督教道德之间存在着明显而直接的矛盾。这种审慎的态度也许是反对社会主义的保守党评论家所没有充分遵守的。

政治论争的近年发展的特点之一是，在十九世纪中叶，自由主义者的观点同社会主义运动较新的宣传所激发的兴趣相比，已变得不那么重要了。但是，经常在自由主义的计划中处于突出地位的影响政教关系的一个问题，仍在公众的讨论中占据最重要的位置。这个问题是：保持教会同国家的既定关系和尊重教会所得的捐赠基金是否适当。维护教会的国教地位及其所得的捐赠基金以反对人们对教会的攻击，是“保守主义”的任务中一个重要的部分。作为王党主义的继承者，“保守主义”拥护教会和赞成国家对教会的正式承认。而剥夺教会所得的捐款，不但割断了传播福音所必需的资财，而且也粗暴地破坏了享有财产的权利，因而是违背“保守主义”的原则的。

英国国教的确立，并不以任何正式的法令为根据。当撒克逊的国王们改信基督教的时候，他们和他们的人民就立刻承认教会，相沿至今。在他们看来，接受基督教的真理势必导致承认教会这个必然的结果——不，在他们看来，也许是不可能把这两件事情区分开来的。公共活动很自然同宗教仪式结合在一起；国王由教会

加冕；大主教和副主教位列组成国王的内阁和议会的贤人之中；主教在郡法院中同郡长和各行政司法长官平起平坐；土地所有者和耕种者交纳按土地产品征收的什一税作为宗教税；涉及信仰和道德等问题的教会法律，由国王及其官吏执行；教会的节日和斋期由公众遵守；一切重要的公共活动都同教会的代人祈祷或感恩祈祷有联系。这是因为，人们必须记住，我们所说的“已经确立的关系”在过去和现在基本上是国家同教会之间的宗教关系。这种关系可能有各种附带发生的事件，但其实质是纯粹宗教性质的。只要一个国家在法律上正式承认一个教会是宗教的真正代表，彼此就已经确立了关系。然而，这种关系的确立固然总有这个重要的特征，却可能在其他方面接近于迥然不同的类型。在我们的国家，在一千四百年的长期历史中，教会同国家之间的关系已经逐渐有所发展，并有时在习惯和舆论的非正式影响下得到调整，有时还由国家在议会采取直接行动加以调整，终于它已开始带有我们今天所看到的特征。政教关系附带发生的事件虽然多种多样，但这种关系的宗教本质却始终存在。在我们进而讨论那些附带发生的事件中所出现的问题、即关于国家对教会行使控制的程度以及国家允许教会享受特权的程度等问题以前，让我们首先试图确定政教关系（作为教会和国家之间在宗教上予以承认的一种关系）就其基本特征来说是否合理。

只要我国人民在宗教问题上完全采取一致意见，谁也不会怀疑政教之间既定关系的正当性，似乎也没有什么理由加以怀疑。然而，人们关于宗教改革的问题产生了严重的意见分歧，这些意见分歧证明了不仅是少数偏执的人短时期内所持的主张，而且还引起了许多人的热心信奉，一代一代地持续下去，这时，究竟国家应否承认一种不再为全国人民所接受的宗教团体这一点，就开始受到怀疑。这个问题的答案似乎有赖于断定我们对承认宗教这种共同行动究竟作何理解。我们说，国家像一个团体一样要带有宗教的性质。我们说这话的意思是：凡参与国家事务的人，从宝座上的国王到参加选举的最低微的选民，都应当牢牢记住，这个看得见的世界引导人们的身心去行善或作恶，它要求人们从事劳动和作出牺牲，它赐予人们成就和昌盛，它有希望和焦虑、雄心和失望、快乐和痛苦；在这看得见的世界的背后，还有看不见的世界，即正直、全能和永存的神圣上帝所在的地方，这个世界确实是伟大的现实，它甚至在目前还支配着我们所见、所闻、所触、所尝的一切事物，并且当感觉世界对于临终的个人来说或者对于在比较遥远的将来必将消逝的整个人类来说已经消失的时候，上帝的世界仍将继续存在。显而易见，国家对这伟大真理的正式承认，在现今并不失去它的价值，甚至对于那些不同意教会可能已经确立的教义的人来说，也是如此，除非他们的异议达到否认有一个看不见的世界和一个支配宇宙的道德主宰的地步。事实上，过去常常有许多人、现在仍然有一些人不赞成英国的国教，但他们并不希望看见国家取消对教会的承认。大多数英国罗马天主教徒以及一些（虽然是极少数）新教独立教派教徒采取这种看法。全国人民对宗教的默认是非常简单的，这种情况使得乍看起来似乎特别反常的事情有可能发生，那就是在大不列颠存在着两个得到确认的教会，它们持有截然不同的理论教条，其中一个在英格兰，另一个在苏格兰。英格兰国教教士能够并在事实上支持和庆贺苏格兰长老派教会的成立，虽然他们自己并不赞成长老派的主张，当他们在苏格兰的时候宁愿在苏格兰主教派教会中做礼拜。这是因为，不但从长老派的观点来看，而且从英格兰圣公会的观点来看，使苏格兰教会同政府分离的举动就苏格兰来说将是取消国家对上帝存在的承认，以及放弃对上帝的判断所承担的道德责任，而这种责任是人们在其个人行动中和全国性行动中所必须承担的。我们也不免感到遗憾，这种承认在爱尔兰于1869年被撤销了。有人认为爱尔兰教会只是少数人的教会，并且在爱尔兰的大部分地区这些少数人是微不足道的，但这种考虑并不能成为废除其国教性质的理由。这是因为，使政教分离对于接受基督教教义的大多数爱尔兰人来说，并没有好处；而对于不论如何布道的宗教事业来说，则是一种损失。如果1869年的建议不仅废除了爱尔兰教会的国教地位，而且把罗马天主教教会定为国教，以代替爱尔兰教会，情况就会有所不同。当时的争论将是关于最好以什么方式使国家履行应尽的宗教义务问题。实际作出的决定是，应当完全放弃那种宗教义务。当时的情况仿佛像一个宁愿在罗马天主教教堂而不在新教教堂做礼拜的人应该完全放弃在公共场合参加礼拜，而不是转移他的忠诚似的。废除爱尔兰教会的国教地位被说成是对正义作出的牺牲。事实上，这是使宗教遭受的损失。

我已贸然把建立国教的特征叫做宗教信仰的全国性行动，如果人们习惯于按照我这种方式来考虑建立国教的问题，那么，有关这个问题的争论就决不会产生，或者就会采取截然不同的形式了。因为导致争论的，并不是建立国教的本质问题。使它不得人心的是它的枝节问题；这些枝节问题可以归为两类。在所有三个王国

里，过去已经建立的制度是国家实行控制和教会享有特权。使问题引起争论的，就是这些事情。

直到最近的时期，法律的理论认为只能容许一种宗教，而那种宗教就是国教教会的宗教。由于议会通过了一系列法案，由于甚至在法律改变之前就常有舆论的压力使法律无法执行，不赞成国教的人能够免于受到惩罚和在法律面前丧失资格的处分。然而，想起法律使人遭受的苦难，以及甚至法律严格规定丧失资格的条款所带来的侮辱，都使人留下痛苦的回忆，这种回忆比信仰自由的胜利以及教会所享有的某些特权、特别是征收教会捐税的特权持续的时间更长，在取消对不信奉国教者的惩罚和资格的法律惩处之后，仍旧存在。在这些事情持续存在的期间，它们给独立教派对国教的仇恨火上加油。但是，可以恰当地称之为特权的整个残余已经逐渐被取消了；作为国教的英国圣公会所剩下的特殊地位，仅仅限于国家对它的承认和坚持对它的控制而已。如果我们把英国建立国教的枝节问题归纳起来，我们会发现它们的数目比人们往往设想的要少一些。给君主加冕是国教所特有的极其重要的行动，现在仍旧保留着。议会两院在会期开始时都按照英格兰教会的惯例祈祷，这是虽不显著但表明国家承认教会的一种有点类似的特征。如果主教在上议院的地位现在是以国教教会的任何特殊权利为根据，那么这种地位不妨说是普遍废除教会特权的一种例外。然而在事实上，如果上议院的主教席位完全有理由设立，那么其根据或者是认为主教乃是重要舆论团体的代表而成为上议院应有的成员（这是必然导致承认其他名义的一种辩解），或者纯粹是作为一种无害的历史遗风，为了保存历史面貌而觉得把这种遗风

废除了有点可惜。承认宗教法是国家法律的一部分,这与其说是国家允许给予教会的特权,还不如说是国家对教会的控制;因为很难说教会因此得到任何巨大的利益。在未来的教会改革过程中,教会的合法机构也许会有很大改变;如果那种改变没有使教会法律同世俗法律完全分开,那么,这大概是因为要把长期存在的彼此交织的状态分开是极其复杂的。然而,这个问题不是关于特权的问题,而是机构的权宜问题。所以,一般讲来,我们不妨说,在英格兰建立国教不再是一种特权制度,除非我们可以把单纯的承认称作国家给了教会一种特权。然而,这仍然是国家在某种程度上对教会实行控制的制度。

建立国教的这方面的情况,不但受到独立教派而且也受到许多国教信徒的激烈批评。国家的控制主要有三种。主教职位和其他重要的教会职司的任命由国王掌握。这就使国家能够对教会生活施加极大的影响。的确,如果现代的首相按照以前年代的精神运用他们的权力,那种制度无疑是不能容忍的,国教信徒也会不惜一切代价使它废除而后快。但是,主要由于我们这个时代政治家发挥的作用,近年来没有一位首相像罗伯特·沃波尔爵士[1]那样利用教会保护人的身份,使教会顺从他的政治观点。恰恰相反,教会职司的任命总是表现出认真考虑教会利益的明显迹象,并真心诚意地希望满足一切值得重视的教会舆论团体的愿望。这样的做法已使一种在理论上很难为之辩解的制度实际上能够差强人意。

[1] 罗伯特·沃波尔爵士(Sir Robert Walpole,1676—1745),英国政治家,1721—1742 年任首相。——译者

国家控制的另一方面有赖于国王的法院对教会享有最高的司法权。在某种程度上，这种措施的必要性和正当性是无可争辩的。一国不能有二君，因此国王的法院必须规定其他一切司法权和国内任何权威所能行使的权力的范围。只要涉及教会的纯世俗事务，法院干预的权利也不容否定。在这两个方面，国家事实上不但对国教教会而且对国内一切宗教团体都行使着控制权，并且非这样做不可。执行这种控制的具体方法当然视教会的情况而有所不同，但这不过是个方法问题。然而，国家在宗教事业上的司法权还不止于此。不但关于司法权问题，而且关于纯宗教论争的实际是非问题，例如在祭坛上应举行什么仪式，或者从教会讲坛上所作的布道应宣讲什么教义，都要提请枢密院作最后公断。这样一种权威似乎很难同那对教会的精神使命及其与灵魂世界之间的关系的真实性的信仰相调和。如果教会像它所宣称的那样，是由一种神圣生活所鼓舞的宗教团体，那么世俗法庭居然企图控制它的教义或宗教仪式，就不可能是正确的了。我们还可以说许多有利于国家控制的第三方面的话。没有得到国王的同意，教会不能通过任何新的法令，而且如果未经议会的同意，教会实际上是不能通过任何新的重要法令的。这种情况无疑地严重妨碍着一些必要的改革，但是，国家应该要求教会在实行一些可能对国民生活有重大影响的变革之前征求国家的意见这一点，在理论上也不是没有道理的。既然建立国教这个想法表示国家承认教会，那么教会在实行变革，以改变国家承认教会的原意之前，就理应征求国家的意见了。

然而，为了实际的政治目的，关于教会地位问题的极其重要的争论与建立国教的问题并无紧密的关系，而倒是与教会所得的捐赠有关。这些捐赠之所以成为问题，是因为根据这样的理论：它们原先是属于国家的，但因教会同国家有政教关系，才给了教会，因此国家可以有正当的理由把它们移用于公共福利事业的其他方面。有些主张剥夺教会所得捐赠的人甚至要求剥夺一切东西，其中包括可以说是属于教会的教区教堂的建筑物等等。但近几年关于剥夺教会所得捐赠的建议一般只限于1662年以前所取得的捐赠。把日期定在这一年，是由于认为在这一年之前教会被视为全国性的教会，而当独立教派确已脱离之后就不再适用了。因此有人认为，在那次分离之前，教会是作为一个全国性的团体而获得人们的捐赠的；在分离之后，教会是被看作国内一部分人所信奉的宗教团体而获得捐赠的。

同这种关于教会所得捐赠的理论断然相反的意见却认为那种理论完全不顾历史上的事实。现在，当热爱宗教的心情逐渐冷淡时，当我们根据各种观点来颂扬国家和民族的伟大时，当我们有些人是社会主义者并想扩大国家的职能，而另一些人是帝国主义者，他们抱着争取帝国光辉灿烂、影响全球的伟大地位的爱国热忱时，我们当然想到要把大量金钱用于全国性的事业。但是，在从前从圣奥古斯丁[①]登陆到1662年独立教派分离出去这一段时期，宗教的要求比民族地位的要求无可比拟地更为强烈。如果认为中世纪的慈善家或交纳什一税的撒克逊人会像对基督教教会那样乐意为

① 圣奥古斯丁(St. Augustine，？—604?)，罗马僧侣，被派遣去向英国人宣传宗教，劝他们皈依基督教。——译者

全国性的用途献出财产,那就完全误解了中世纪时代人们的观点了。他们认为教会是最神圣的。它掌握死亡和地狱的关键;它的诅咒在今世有很大分量,在来世分量更大;它能够消弭全部罪孽;它是神圣玄义的护卫者;它得到圣徒和天使的守护;它的宗教仪式带有奇迹;教徒被它革出教门之后就死路一条;它比基督教世界的一切国家都更伟大;它是天堂、新耶路撒冷、基督的新娘;因此,崇拜上帝、害怕未来天罚的虔诚信徒所能贡献出来的一切都应归于教会。这种心情同现在人们主张提取目前用于宗教的基金来帮助中等教育、医院或博物馆的建议相去甚远,正如人类的两套观念体系也可能大不相同一样。无论从何种意义来说,当年教会所得的捐赠当然没有献给国家,它们也不是出于任何可以称为民族动机或爱国动机的目的而拿出来的。它们在纯宗教动机的支配下被拿出来用于纯粹的宗教事业;既然原来施主的意图应当得到尊重,它们就必须留作宗教之用。事实上,甚至从外表上也看不出捐赠带有任何全国的性质。因为它们不是献给整个教会,并肯定不是献给作为全国性教会的圣公会,而是献给施主所关心的各个主教管区、修道院和教区的。这些都是为了宗教而捐献的。不论就捐献的动机、目的或范围来说,它们甚至同国家的财产毫无相似之处。如果说有什么东西可以算是属于教会,它们就是属于教会的。

所以,保守党人反对废除教会的国教性质,也反对剥夺教会所得的捐赠。体现在政教合一和维护捐赠以防剥夺的这些措施中的对宗教的承认,是"保守主义"的必不可少的部分,是典型的保守党人尊重宗教和财产的特征。

一方面保守党人重视确立国教,把它看作对宗教的承认,另外他们也相信在其他方面维护社会的宗教生活的重要性。“保守主义”坚决主张全国人民都接受基督教，并希望把这种接受同完全容忍有关宗教问题的各种不同意见这一精神相调和。这种调和的任务长期以来是关于国民教育的最难解决的问题。进步的自由党、工党和社会党力求把宗教完全排除在学校之外，实行一种纯世俗的教育制度，以此来满足平等对待不同宗教团体的理想。温和的自由党人和独立教派的大多数人则更虔诚地但不太明智地企图在国立学校实行一种没有某一教派特点但必须是基督教性质的宗教教育，以符合平等的原则。但英国国教教会和罗马天主教教会始终对这些解决方案提出异议，这不仅因为这些方案不能满足国教信徒和罗马天主教徒的宗教信念，而且因为它们在本质上不符合宗教平等的原则。在大量传授世俗学问的同时不传授宗教，事实上就是使学生的心中产生反宗教的想法。传授人们认为是各种宗教团体所共有的基督教，是培养一种反对英国国教教会和罗马教会的特有制度的想法。因为按照那些教会的制度，儿童在受洗礼时就变成一个超自然的团体成员，他所受的宗教教育不过是使他开始懂得该团体成员所需要了解的信条和行为准则。如果在校外给他传授基督教道德规范和基督教神学原理，并使他在生活上与国教信徒分开，那么，他的内心实际上就不自觉地与国教信仰相左，或者倾向独立教派，或者倾向对整个宗教采取漠不关心的态度。只有采取同样的分寸去帮助和支持各种各样的宗教主张，而不是企图以消除各个宗教体系的比较喜欢争论的部分并使其余部分合为一体的办法来实行妥协，才能达到在各个宗教团体之间不产生偏颇的结果。要解决这个问题，只有承认父母是其子女的信

仰的决定者，并把国家置于父母的代表地位，忠实地、毫无偏见地执行父母可能给予的指示，以同等的效率和热忱来教育儿童，使他们了解父母选择的教派所信奉的任何宗教主张。这样，国家就确实保护着人民的宗教生活，而不使任何宗教团体特别受到恩宠。

现在，“保守主义”最重要的职能也许就是在政治的范围内监护人民的宗教生活。我们已经指出，宗教在许多问题上非常紧密地接触到政治——例如关于贫富的主张、一切改善人民生活条件的措施、教会同国家之间的关系，以及国民教育等问题。仅以引起道德义务的争论来说，宗教的间接影响就超出上述的那些范围了。所以支持宗教是“保守主义”最重要的职能。这是全部建筑物所依赖的拱门的拱顶石。只要“保守主义”把履行其对宗教的义务作为首要的目的，它就不致陷入两种交替地对它有威胁的主要危险：一种危险是陷入自由主义的一个纯属派性的变种，支持另一派政治家的主张，但提出一些与任何流行的原则并无不同的措施；另一种危险是仅仅赞成维护富户，并不真心企图考虑全体人民的利益，或者只考虑财运亨通之辈精明的自私自利的胜利，而不考虑任何更崇高的目的。宗教是必须赖以评判政治活动家的计划的标准，宗教的意图必须是净化他们的方针和方法。如果强调这个真理，“保守主义”就不会是不必要的派系或自私阶级的信条。

第五章　财产和征税

“保守主义”最实际的意义莫过于它对财产问题的态度。自从“保守主义”兴起以反对1789年的革命运动以来，维护财产制度一直是它的主要目的之一。未来的最重要的政治冲突将全部或部分地同财产问题有关。在每年出现的有关征税的问题上，情况尤其如此。然而，目前关于财产或征税问题的流行观念并不像我们所希望的那样具有明确的定义。如果一个保守党人想要在思想上采取前后一贯的态度并据以制定一项社会政策，他就无论如何必须首先掌握某种关于财产和征税的基本理论。

私有财产也许可以解释为一个个人或者若干个人所拥有的物质财富，而所有权则可以解释为物主自由使用财产的权利。对所有权这一概念来说最为重要的是，这种斟酌决定的自由即使不是无限制的，至少也不是非常有限，以致物主总要遵从别人的而不是他自己的愿望和意见。由此我们可以推断，检验真正所有权的一个方法是看看物主可否自由处理别人认为他不应处理的财产。如果他的这种处理权受到严格的限制，以致他不可以去做别人责备的事情，那么，他可以说是担任管理财富的工作或者是财富的受托者，而不能明确地或有效地说他拥有财富。这是个定义问题。由此又产生如下的问题：这样解释的个人同物质财富之间的关系是

否是一种无可非议的关系呢？

人们常常说，私有财产制的理论根据在于它符合社会进步和社会公共幸福的要求。这话也许是正确的；如果我们在考虑据以建立一个新社会的原则，并且我们有一个明确的活动场所，可以用来建立我们认为最美好的制度，那我们就必须详细说明这个道理。因此，我们的职责将是探讨由于允许人们拥有财产而对人类活动所产生的刺激效果。应该指出，获得和积累财产的可能性是如何刺激人类的若干最强烈的本能，以促进勤奋和节俭的。深谋远虑地预先考虑到未来的疾病和衰老，父母爱护子女并希望他们避免艰苦的生活，每个人有强烈的意向想表现与别人所有的个性不同的个性，人们喜爱那种与自我表现相关联的权力——所有这些结合起来，使拥有财产的指望具有很大的吸引力，并诱发人们竭尽他们的智力和体力去拼命获取财富。为此目的，人们努力加强人类对自然的控制；搜集土地的产物；精心改进制造产品的技术；越来越有效地组织人类的种种活动；建立社会，并用无数的办法大规模地促进社会的进步。所有这些都可以逐步加以证明。然而，对于那些力图为我们自己业已建立的有组织社会的私有制进行辩解的人来说，没有必要这样来详细考察社会福利的根本原因。不应该损害别人这种简单的理由就足够在已经存在着财产制度的地方确立享有私有财产的权利了。因为十分明显，既然一个正常的人会因剥夺其财产的任何部分而感到苦恼和忧伤，那么，要是没有充足的理由，另一个个人或国家把这种苦恼和忧伤强加于他就是错误的。这样说明的拥有财产的权利不过是任何人不受别人无故侵犯的权利的一部分。一个人的各种权利规定了别人的义务，而财产

拥有权不过是任何人都不应该损害别人这样一个基本义务的一部分罢了。

许多人似乎力图把财产权建立在某种产生于获得财产的环境的正当要求的基础上，因此自认为能够分辨财产与财产之间的区别，并对一些物主的所有权比对其他物主的所有权更加一丝不苟地予以尊重。但所有这些想法似乎都是错误的。如果取得工作报酬意味着某种功过成分，那么，谁都不能以他已经获得工作报酬为理由，来要求占有任何东西了。人们的心中或多或少明确地认为，一个人既然理应获得他所拥有的东西，就有正当的理由加以占有，但我想这样的考虑是一种误解；随之而来的关于劳动所得或非劳动所得的财富增值的区别同样是没有根据的。

在我们所了解的这个世界上，究竟人们是怎样来获得财富的呢？除了一个人用自己的劳动创造财富供自己使用，例如在他的园子里栽种土豆供自己食用这样一种简单而不重要的情况而外，一个人的获得财富是受到控制交换行为的力量支配的。如果没有别人的帮助，任何人至多只能得到土豆之类的微不足道的东西，而这种帮助是人们通过一项决定买进卖出的物品种类和数量的交易获得的。所以我们可以说，一个人获得财富的途径是借出或出售他所已经拥有的东西，要不然就是把他自己租出去。我们不必把出卖的行为分别开来讲，因为就我们目前的需要来说，没有必要把出卖同出租区别开来。因此我们不妨说，一个人获得财富是通过借出他的财产或借出他的劳动力来完成的。在这两种借出的形式之间，可以很恰当地划出一条分界线，而“取得工作报酬”这个词则可以恰当地应用于第二种获得的方法。然而，即使是这样，我们也

不应当把“取得工作报酬”理解为指明任何功过的成分；因为稍为考虑一下我们就可以知道，花力气所得的报酬并不与它们的功过成比例，而是恰恰相反，价值不大的努力甚或绝对不该得到任何报酬的努力往往比贡献较大的努力获得较多的报酬。这里拿两本书的作者为例。一本书关于某个学术论题，阐述某项精深的科研成果，或在研究一种罕见的古代语言中使人豁然了解一篇以前无人懂得的论文。这样的一本书应该得到很高的报酬。它的作者已经付出了长期的艰苦劳动，并曾为一种无私的研究热情和扩大人类知识领域的热望所鼓舞。但他所得的报酬不多，或者没有得到报酬。一所大学的出版社为了学习这本书而不是希望谋取利润，同意把它出版。它的销路很小，卖书所得的收入远远低于成本。毫无利润，反而赔本。第二本书是传奇小说，作者是个有点写作本领的不学无术的人，他专门写一些投合人们对恐怖或下流言行的广泛爱好的题材，粗制滥造，没有多久就写出书来，对人类毫无益处。这本书的生产成本很少，但销路很广，作者的收益比那位勤劳的学者所得的收入多得多，因为后者写的书是依靠一所大学的好意才存在的。那本传奇小说的作者除了指责或惩罚之外不应得到任何报酬。那位勤劳的学者却应该得到很大的奖赏。然而，倒是那位小说家获得了财富，作为他努力的成果。这当然是个极端的例证，但在可以列举的每一个例证中，我们将发现，努力的贡献和努力所得的报酬之间并无任何相应之处。议会的一位法律顾问每小时所得的报酬比一位农夫一个月所得的收入还要多，而一位歌剧女主角在音乐会上唱两首歌就可得到比大多数工人一年的工资还要多的报酬。在一个挣工资的工人同另一个挣工资的工人之间，工资

的差别也不以贡献大小而定。熟练工人比不熟练工人得到较多的报酬，而一些种类的技术又比另一些种类的技术得到较高的报酬。但在报酬最高的技术中，并无道德上的优点，而缺乏技术的人虽然获得的报酬很低，也并无道德上的缺点。道德不在考虑之列；贡献也与此无关；努力所得的金钱价值是由纯粹非道德的经济原因来决定的。经济学家所说的“供求律”规定着报酬的多寡；不论关于脑力劳动或体力劳动来说，决定一个人劳动所得的数额的，不是他的贡献大小，而是他能力的以稀为贵，以及别人想利用其能力的迫切程度。

如果说劳动所得取决于非道德的考虑，那么，更加明显的事实是，那些出借其财物的人所得的收益完全与贡献无关。事实上，经济学家们常常说，一个投资者理应得到他按投资数额计算的利息，因为他在投资时表现了自我克制精神，而没有把钱花掉。但这是一种非常勉强和不真实的理由。当然，从社会的观点来看，储蓄往往比花钱较为可取。但情况并非总是如此。支出可以具有慈善或公益的性质；它可以用于宗教宣传或科学研究；只有关于愚蠢透顶的纯浪费性的支出，我们才能自信地说，把那笔钱储蓄起来比花掉好。然而，即使储蓄是明智的并符合社会利益，但如果认为这种做法出于利他的动机，或者认为它有道义上的价值，那就荒谬了。一个人储蓄，因为他觉得储蓄对他有利，我们也不能通情达理地认为他自己有任何理由应该靠他的投资取得利息。关于为了收租而出租土地的地主，我们也可以这样说。像投资者和劳工那样，地主并非有何功劳而获得收益，而是因为他有东西出租，这种东西是别人需要并愿意付给报酬的。创造这些财物和努力的价值的，是人们

对土地、资本或劳动力(不论体力劳动或脑力劳动)的需求。没有需求就没有价值。路旁的一只旧鞋、海滩上的一颗石子、落在泥地里的烂果是没有价值的,因为谁也不要它们;没有人需要就没有价值。价值的另一个必要因素是供应的某种限度。我们吸入的空气不是不需要的;它确实是人生不可缺少的东西;但它取之不尽的性质使它丧失了任何金钱上的价值。这个例子使我们想起一种往往被那些在经济讨论中缺乏经验的人所忽视的区别。"价值"一词在使用上有两个截然不同的意义。有时它被用来表示一种物品的金钱价值;有时它比较含糊和笼统地被用来表示物品所带有的性质在某种意义上是合乎需要的或值得重视的。因此,当我们说到一位"宝贵的朋友"、一篇"有价值的辩论文章"或"一个论据的价值"时,我们并不是指那个朋友、那篇讲演或那个论据会卖许多钱,而是根据某种理由指它们是被重视的对象。从合乎需要这样一个普通的意义来说,空气是最有价值的,但对我们目前讨论的问题来说,它没有价值;那就是说,它在使用上并不具有金钱或商品方面的价格。正如经济学家所说的那样,它没有交换价值。使一件物品具有按这个意义解释的价值并使出租这件物品能够大有收益的,是这件物品的以稀为贵和合乎需要,而不是物主有什么贡献。所以,一个人通过出租劳动力或财物而得的收益不是取决于他的功绩,而是取决于人们对他要出租的东西的需求,以及社会上供应相类财富或劳动力的限度。这整个过程没有道德的性质,不论物主根据何种理由能够要求取得收益的权利,他并不能够振振有词地说他应该得到他的收益。这个道理同样适用于各种利润,不管它是靠投资分得的红利或是地租。不仅如此,正如上文已经指出的那样，这个道理也适用于给人出力而获得的报酬，适用于作家、法律顾问、农夫或火车司机所获得的报酬。不论地主、投资者、作者、律师或工资收入者之所以获得利益，都与他们在道德上的贡献无关，而与他们所要出租的东西比较罕见和合乎需要有关。

然而，有时人们说，就土地或某几种土地而言，产生了另一种考虑，这种考虑应当被看作公平地削弱人们对土地占有权的要求的措施，至少就那种使受益的土地成为征税的一个特别合适的题目来说是如此。有人认为，社会创造了全部或大部分的土地价值。例如，1911 年 9 月 11 日在格拉斯哥举行的一次“创议征收土地价值税”的会议上，除其他决议外通过了如下的决议：

“（第四），这次会议肯定它的深刻信念：在城市和乡村，人民在恶劣的居住条件、低额工资和失业等方面现有的悲惨状况可直接归因于土地垄断，并因目前的国税和地方税制而变本加厉。会议着重宣布它的意见：消除这些社会弊病的唯一公正和适宜的方法是免除一切改良措施和一切工业生产的国税和地方税负担，代之以按一切土地价值征收的直接税，因为土地的价值是完全由于人民的存在、发展和勤劳而产生出来的。”

这个决议中有若干可以争论的命题，但目前我们所关心的只是最后的那句话：“完全由于人民的存在、发展和勤劳而产生出来的价值。”说土地的价值像其他每一种具有价值的商品的价值一样，像一切劳动的价值（从苏格兰检察总长职业工作的价值到格拉斯哥任何一个工匠的劳动价值）一样，完全取决于人民的存在，这当然是完全正确的。这就是说，如果没有人民，那就没有人去购买或租用土地或任何商品，也不会有人雇用格拉斯哥的工人或爱丁堡的律师。在那样的情况下，不论商品或劳动力都不会有任何价值。然而，如果这句话的意思是（实际也确应如此理解）土地的价值在某种特殊意义上取决于社会，那么，这个命题就完全是不正确的了，并且会引起误解。

让我们分析一下土地的价值在哪里。土地像别的东西那样也有价值，因为它具有人们希望得到的效用。我认为土地的效用可以分为三类。土地的一种效用在于所生长的各种植物，我们可以称之为土地的植物效用。土地的另一种效用有赖于构成土地或在地下的矿物，我们可以称之为土地的矿物效用。第三类是作为可居住空间的地基的土地效用，我们可以称之为土地的空间效用。这些效用的每一种都有它的价值，同世界上任何其他商品的效用的价值——例如一件外套作为一种服饰的效用的价值——一样，那种价值完全是由同样的作用决定的。对于每一种这样的效用都有一种需求，要获得满足这种需求的供应，就得付出一定的代价。换句话说，由于需求和供应的变动，价格有时上升，有时下降。例如，拿英国土地的植物效用来说吧。这种效用的价值以在土地上所能生长的各种农作物的价值为转移，而这些农作物的价值又以它们的需求和供应之间的关系为转移。因此，在美洲和其他地方当谷物土地的发展大大地增加了可供利用的谷物的供应，而对谷物的需求却没有按比例增加时，对农业土地的需求就下降，这就是说，它的植物效用的价值就减低，土地所有者就只能得到较低的地租了。如果将来人口继续增加，但全世界的耕种土地或所种植物的生产率并不相应增加，谷物的价值就会上升，同时对英国土地的植物效用的需求也随着增多，英国土地的价值也因而提高，并获得

较高的地租。

认为这种效用的价值是由人民创造或增加的说法,究竟正确到什么程度呢?说这种价值“完全由于人民的存在、发展和勤劳而产生出来”,又有什么根据呢?很明显,“人民”这个词可以笼统地指人类,或住在联合王国那一部分的人类,或者它可以指那起着有组织国家作用的社会,不论那是全国性的社会,还是地方性的社会。上面已经说到,按人类这个意义或我国居民这个意义来说的人民,由于希望得到土地的产物并想买到自己的手里,当然在创造土地的价值方面是起着一定的作用的。但他们对于任何有价值的东西都起着这种作用。我们不能把这句话理解为说明土地的价值同其他任何东西一样,是由一些同样的原因产生出来的。因为很明显,这种老生常谈的说法不会提供任何理由,使我们能够据以把土地和其他东西区别对待。我们必须假定,“土地的价值完全由于人民的存在、发展和勤劳而产生出来”这句话还包含更多的意义。然而,我们仍旧很难看出,在创造价值方面,除提出需求的消费者或用户的影响外,一般说来,人民还会有其他什么影响。也许有人争辩说,作为一个社会的人民由于保证贸易和商业的安全和便利,执行法律的保护措施以防止作恶犯罪,使农业能够进行,使农民能够收集土地的产物并把它们运到市场上去。这样,即使不能绝对说社会创造产品的供应,它至少也确实给产品的供应提供许多便利条件,因而有力地影响着产品的价值。但是,在整个工业和整个生产方面,也可以这样说。国家的保护对于像农业那样比较简单的产业,也许还不如它对于复杂的制造业过程或者对于主要地或全部地以契约和信用为基础的商业买卖来得重要。因此,国家对

于土地产物的价值因而也对土地本身的价值所起的作用,同它对于一切产物的价值,对于整个贸易、商业或工业的收益所起的作用是一样的。显而易见,国家的这种普遍的作用不能成为这样一个理论的根据,认为对一切土地的价值征收直接税,比起向"一切改进措施和一切工业过程"征收"地方税和国税"来更有道理。那些赞成对土地价值征税的人显然认为,人民同土地价值之间的关系有着某种特殊的性质,而人民作为产生某种需求的消费者的关系,以及人民作为保证工商业过程安全的国家的关系,却决不是专门对土地的关系,而是与各种商品和各种生产都有的共同关系。

要公平地对待被视为错误的理论是困难的,因此,我不大愿意论述那些认为应该对土地价值征收特殊捐税的人的观点。然而,就我对他们的想法所能理解的程度而言,他们所根据的命题是:土地是一种垄断,因而它完全不同于其他多数的商品;人民被迫遭受土地垄断者的敲诈勒索,不得不违背他们的意志,用一种完全独特的方式产生对土地的需求,从而创造了土地的价值。土地税征收员似乎只想到我所说的土地的"空间"效用,而不是想到土地的植物效用或矿物效用。我们已经指出,土地之所以有用,不但在于土地所生长的东西或者能够从地下挖出的东西,而且在于它是可以居住的空间的地基。人类必须住在某个地方。在正常的情况下,他们不能住在水上,也不能住在空中。因此他们必须住在陆地上;据我了解,土地税征收员所说的垄断就是指这种空间效用。但在这一点上,他们是不正确的。地球上的全部土地不是由一个人而是由许许多多人占有的,甚至联合王国的土地也由很多人占有。土地的数量当然有限,为了某种目的而选择的地点方便的土地就更加有限了；然而，“垄断”并不是形容一种物品的有限供应的恰当字眼。凡是有价值的东西，它的供应总是有限的，但只要有不同的人控制一种商品的不同货源并彼此进行竞争，那就没有垄断了。关于租出和租入土地的情形，通常就是如此。然而有人说，可供某种用途的土地如靠近大城市地点比较方便的土地的有限供应确实对其价值影响很大，这话无疑是对的。于是就产生这样的问题：这种有限的供应是否使人民在创造土地价值方面起到什么特殊的作用呢？

土地不是在供应上受到限制的唯一的东西。世界上凡是有金钱价值的东西确实都不能无限供应；因为如果没有某种限度，那就不可能有价值。只是限制的性质有所不同罢了。艺术品的供应极为有限，因为除了艺术家的劳动力之外，世界上没有别的东西能够增加艺术品的数量。就一个已故的艺术家来说，这种限制是绝对的。自从伦勃朗[①]逝世之后，他的风景画就不可能再画出来。能供某种特殊用途的土地受自然和空间规律的限制。但这里有一定程度的伸缩性。方便程度较差的土地可以用来补充最方便的土地的供应。改进交通工具经常在这方面起着作用。对于那些希望住在只需花好几分钟就可进城的地方的人来说，铁路、公路和汽车扩大了适合他们居住的土地的供应。还有，能够供应的工业品也受到生产这些物品的成本的限制，而其成本又以所使用的原料、劳动

① 伦勃朗·哈门斯·范·里因（Rembrandt Harmensz van Riju，1606—1669），荷兰画家，初从拉斯特曼习画，后吸收意大利画家卡拉瓦乔的明暗对比手法而加以发展。形成独特的风格。他画了一些以《圣经》故事和希腊神话为题材的油画和版画，他的肖像画善于表现出人物的性格特征。——译者

力和资本的价值为转移。间接影响这些价值的，是劳动力供应的限制，以及土地供应的限制所造成的原料供应的限制。但是，土地供应的限制并无任何特殊之处，可以作为理由专门用来替人民提出的特殊要求辩护，说他们已经创造了土地的价值。即使这种限制事实上等于垄断，那也不能为这种要求辩护。人民向来不是造成有限供应的原因。自然界限制土地的供应，正如它也限制劳动力的供应一样。联合王国只有有限数量的人类，正如只有有限数量的土地一样。同时，在那些人当中，只有为数更有限的人是适合于任何具体工种的劳动者，正如在联合王国有限的土地中，也只有在数量上较为有限的土地适合于那些希望住在某个地点的人一样。可是，土地税征收员当然不会说，人民创造了任何个人的劳动价值，因此要根据这个道理使他们有公平的权利要求全部或部分地占有那种劳动的价值。很明显，如果他们准备争论说，由于影响有限供应的需求创造土地的价值，社会有特殊的权利去支配那种价值，那么他们也一定会争论说，对劳动价值所起的类似影响必然使社会拥有**那种**价值的类似权利。事实上，由于需求的影响和有限供应的影响是普遍存在的，他们就一定会争论说，一切交换价值都是人民创造的，因此可以全部或部分地归社会所有。然而，这种普遍的要求恰恰是土地税征收员没有提出的。他们对土地的价值提出一项特殊的要求，而那种特殊的要求是毫无根据的。

如果我们考虑一个实际的例证，也许可以把这了解得清楚些。据说靠近戈尔德草地的土地近年来价值大涨。这是由于新建的地下铁路通车，使戈尔德草地成为那些在伦敦工作的人感到相当方便的住处的缘故。让我们正确地分析一下所发生的事情吧。很明显,提高戈尔德草地的土地价值的直接原因,是有较多的一批人已经急于想租用或购买那里的土地。现在人们已经对它有了较大的需求。这种需求并不完全是因地下铁路的建造而出现的,它只是使这种需求产生效果罢了。在地下铁路建成之前,毫无疑问已经有许多人需要像戈尔德草地那样的居住地,但在这条铁路建成之前,那种需求并没有对戈尔德草地发生影响,因为那时戈尔德草地出入不便。地下铁路使那些想住在戈尔德草地那样地方的人能够实现他们的愿望。也许有人会说,地下铁路使戈尔德草地便于人们进出。但更确切的说法是,它为那些希望出入戈尔德草地的人提供了他们所想望的便利条件。给这些人提供这种便利条件的结果是使他们有可能满足他们居住在戈尔德草地的愿望,从而大大地提高了对那里的土地的有效需求。所以土地的价值上升了。

如果社会要提出主张,说它已经创造了戈尔德草地所增长的土地价值,那么,那项主张一定是以两种方式的任何一种构成的。人们也许会说:所增长的价值是需求引起的结果;由于这种价值是那些提出需求的人而不是地主创造出来的,它应该属于那些人而不应该属于地主。但在那种情况下,这个主张一定是替现在卜居于戈尔德草地的人提出,而不是替国家提出来的。况且,由此类推,我们一定会认为,任何物品的价值都不属于物主所有。这是因为,既然价值完全取决于需求,既然物主必然不是需求他自己的财物的人,那么,任何东西的价值总是由物主以外的某个人创造的,绝不允许把它归属于物主。这些推论显然是荒谬的。其次,可能有人更善于巧辩地说:地下铁路已经使价值有所增加,因此这种价值应该属于那些建造地铁的人,并应将一部分归属于帮助建造地

铁的国家。然而,在建造地铁方面国家显然只起了极其次要的作用。国家所做的事情只是运用其权力迫使有关产权人根据公平合理的条件让铁路通行而已。现在看来,根据这点劳绩要求享有戈德尔草地土地的全部增值,甚或其中的大部分,似乎没有充分的理由。因此,如果认为那条地铁创造了戈尔德草地土地的增值,并认为那种增值应该归属于它的创造者,那就必须把它主要分配给铁路的股东和创办人,因为铁路是依靠他们的资本和事业心以及依靠他们雇员的劳动建造起来的。再说,现在我们像以前那样发现,国家只是为这条地铁、为希望乘火车旅行的人以及间接地为戈尔德草地的地主做了它为各种企业、各种商人和各种拥有财富的人所做的事情罢了。如果没有国家的行动,那么除了最简单的工业形式外,任何工业都是无法进行的。没有街道、电灯和水的供应,就无法在大城市生活。没有由国家行动提供的运输工具,现在往来于公路沿线的人所进行的一切贸易和商业就会受到妨碍,而工人也只能限于获得步行所能达到的就业机会,从而发现他更难获得职业,他的工资也将更低。如果说国家在帮助运输方面做了很多工作,它在维持生命和财产的安全方面所做的事情就更多了。通过法律的行动,契约得到执行;通过警察的努力,犯罪受到制止,骚乱被镇压下去。这样人们才能进行他们的工作,经营庞大的企业和承担商业的风险;使财富生产率以几乎想象不到的速度增长的信用制度才能够发展和存在——所有这些都有赖于国家所提供的保护。如果拿走在国家的帮助下才能创造出来的一切财富,全部居民就会陷于最悲惨的贫穷状态;贫困和苦难将广泛流行,我们煞费苦心创造出来的文明将退回到野蛮境地。因此,在创办通向戈尔德草地的地铁时，国家所做的工作并没有什么特殊之处，它不过是履行它的普通职责，使其公民的精力和愿望便于发挥罢了。它并不直接创造价值，只是使实际创造价值的需求充分发挥力量罢了，就像它在其他许多方面为经济力量的效力扫清道路，从而促进财富的产生一样。铁路的建造并不比其他任何事情提供更多的理由来证明国家有权对戈尔德草地的土地价值提出某种特殊的要求。

因此，有人认为人民作为使用者或者作为一个有组织的社会创造了土地的价值，因而有权取得一部分不同于他们在任何其他事情上可以正当地要求的价值，即占用全部的土地价值或其某种增值，这种说法看来纯粹是欺人之谈。奇怪的是，这种说法竟然在许多人的心中那么根深蒂固。他们也许已经被本书前几页所讨论的错误引入歧途，认为人们有时得到他们所占有的东西是应该的，因为这是他们通过劳动挣来的报酬，但他们有时得到的东西是不应该得到的，因为东西的取得不涉及到他们有什么贡献。自然，根据那种意见，大城市附近土地的增值所产生的收益似乎是不应该得到的财富的一个明显例子。然而，如果人们一旦认识到，发财致富的力量从来就是不道德的，依靠出租任何财产所得的收益（不论其为土地、金钱或任何其他东西）同样是不劳而获，甚至依靠努力取得的收益也与贡献不符，那么，“不劳而获的增值”一词所表达的整个概念就完全站不住脚了。所有的财产被认为处于同样的道德水平上，正如并非通过不正当的手段获得的某种东西一样，而所谓并非通过不正当的手段，是指不用欺诈或暴力，但又并非值得称道，以致物主的所有权可以根据他的德行来确定。不能认为对土

地征收任何专门的赋税是理所当然的，也不能认为征收任何类似的特别税是正当的：因为这类捐税假定社会与有关财产之间关系的种种差别，但实际上是不存在任何差别的。

也许有人会提出反对意见，认为上述的这番话不足以证明那个道理，因为问题的理论根据欠妥，所以国家不应当力图改善立论的依据。也许有人说，即使获得物的交换价值或金钱价值完全取决于供求关系而无任何道德基础，那也只是使人更有理由抛弃交换价值以及产生交换价值的竞争制度，转而依靠一种由于具有道德性质而高出一筹的价值观念。不论实际的情况如何，我们也不应该把通过敲诈勒索、为非作歹或下流勾当得来的好处同那些虽然未经努力但并无恶意的人靠出租财物而获得的利益等量齐观。我们也不应该把这些对人无害但怠惰成性的人所得的收益同通过自我牺牲的劳累和勤奋所得的利益相提并论。也许正确的见解是：只要竞争制度继续存在，供求关系将照样发挥作用，财富将不取决于贡献，但这并不成为议员和捐税征收员心中不应存有较高报酬标准的理由。尤其是在征税时，国家能够考虑社会各阶层的实际贡献，把必须在某处征收的负担大部分施加给最不应该得到社会重视的人。

这听起来是一种很能吸引人的关于国家职能的想法，但事实上这是要使国家履行它力所不及的任务。国家缺乏这方面所需要的丰富知识并无法获得，因为要仔细考查全国一切财产的来源，判定获得财产的方法，表明究竟那些财产是应得的报酬还是不应得到的报酬，这恐怕是根本不可能办到的。所以国家必须依靠现有的分类类型。国家必须用来作出区分的类型不是按贡献而定，并

与贡献不相符合。这一点我们在说到“劳动所得”和“不劳而获”这两个类型时已经指出来了。在其他事例中，道理也是如此。例如我们可以把财富的获得分为几个类型，其中之一就是贷款。但放债者的好坏千差万别。一个经营着完全无害而极其有用的业务的银行家同一个高利贷者一样，是通过贷款来赚钱的，但高利贷者引诱蠢夫们按照过高的条件向他借钱，当他们无力还债时就无情地掠夺他们。还有，一个工厂主在谋取利润时一贯给予他的工人以优厚的工资，并且事无巨细，总是公正而和善地同他们一起经营他的买卖。另一个雇主虽然在法定的分类上没有什么不同，却迫使他的工人接受极其苛刻的条件，残酷无情地强迫他们遵从法律允许他向他们提出的每一项要求。与此相类似，地主在订立和执行出租土地的契约时表现出来的品德也千差万别。所以，按照人们的功过来征税是不可能的。如果人们一旦不再认为在创造交换价值的各种经济力量中可以找出道德上的差别，使那些区别成为征收不同税额的基础，那么，他们也会承认按照人们的功过来征税是不可能的了。上文已经指出，“劳动所得”的财富和“不劳而获”的财富这两个类型不是按功过征税的正确根据，就像地主、雇主或放债者的类型不能成为按功过征税的正确根据一样。只有思想混乱的人才会认为按功过征税是可能的。

虽然认为国家应该支持正义和反对不公道的说法似乎很动听，但实际上硬要国家负起这个责任是不恰当的。恶习和罪行之间是有区别的，这个区别提醒我们，国家已经根据经验懂得它不应该充当道德监察官了。然而，如果国家的职责是掌握一般的道德法令，分别奖惩有功受禄和无功受禄者，那么它最好是不用征税的

方法来做，而是按照德行或恶行的程度直接给予恩泽或科以惩罚。想用征税达到这个目的只会产生混乱的危险因素。这是因为，既然用课税的方法从一个人或一个阶级所能征得的数量越多，就越不需要取自别的个人或阶级，那么按功过征税这种做法就会诱使每一个人试图惩罚那些因处境不同而犯有某种道德上的错误或缺点的人，以便把国民负担的一部分转移到他们身上。麦考莱勋爵[①]在其所著《历史》一书中叙述了一个故事，这个故事充满着关于把惩罚错误行为的措施变为财政部基金来源这一点所包含的危险的教训。在国王威廉三世统治时期，公务人员中有个非常富裕的人，名叫邓库姆，他犯了贪污公款的罪行。下议院在审查财政事务的过程中，发现他有不正当行为的迹象。邓库姆是下议院议员，他丧失了理智，受骗而轻率地承认对他所判的欺诈和唆使伪造文书的罪行。按照当时的法律来看，对他是否犯有任何违法罪行这一点存在着疑问，于是法院决定不予起诉；但下议院看到一个非常富有的人寡廉鲜耻地干出极不诚实的勾当深感愤慨。于是一个关于刑罚的专门法案被提了出来，根据那个法案，要剥夺他三分之二的财产并把它移交给财政部。这种做法违背了公认为十分重要的司法原则，即不应该对任何人用一条有追溯效力的刑法来加以惩处。邓库姆要接受一种在他犯法时他不知道会受到的惩罚。国家要因他做了一件按照法律不应判为犯罪的事情而予以惩罚。然

① 托马斯·巴宾顿·麦考莱(Thomas Babington Macaulay，1800—1859)，英国史学家，著有代表当时辉格党观点的《詹姆斯二世登极后的英国史》《古罗马歌曲》等。——译者

而，正如麦考莱指出的，这个法案由于那笔从邓库姆手里拿来的财富将作何用途，也有它特别危险的方面。罚款的数目很大，其势可以大量减轻那一年的课税。

“据说他的财产总额远远超过四十万镑。那笔财产的三分之二等于对王国全部地租收入按一镑征收约七便士的土地税。所以，如果把那财产的三分之二交给财政部，1699 年的土地税（这是使享有重要权力的阶级感到非常沉重的负担）就会从三先令减为二先令五便士。下议院每年有一千乡绅，每个乡绅将多余三十镑供他花费；那笔数目是很可以在十二个月期间由拮据变为安逸的。如果法案得到通过，如果王国的绅士和自耕农认为他们有可能根据追溯法向贪得无厌的高利贷者或狡诈之徒课以轻于其不端行为但根据道德观念似乎罪有应得的罚款，以此达到值得欢迎的减税的目的，那么，我们就不可能认为他们不会很快便重新利用如此简单和称心合意的财源。在每一个时代，人们很容易发现富翁做了坏事而法律并未给予惩罚或重罪轻罚的事例。这种人的财产恐怕很快就会被认为是可以用于公共事业的基金。每次屡见不鲜地必须表决一项对王室的额外供应的法案时，岁入调查委员会就会找寻一个不受欢迎的资本家来加以掠夺。欲望会同放纵一起滋长起来。人们会热切地盼望提出起诉。谣言和怀疑会被当作证据来接受。伦敦交易所的大金首饰商的财产，会变得像金雀花王朝统治下犹太人的财产或土耳其帕夏管辖下基督徒的财产那样朝不保夕。有钱的人会力图把他们所得的财富用他们能够隐蔽得十分严密和迅速转移的方式进行投资。不久人们就会发现，在所有的财政来源中，产生经济效果最少的是掠夺，公众实际上为邓库姆的几

十万镑财产付出的代价远比他们按百分之五十的利率借这笔钱要昂贵得多。”(第二十三章)

然而,按纳税人的功过来征税多少有点对邓库姆起诉的性质。这实际上将是一种刑罚的方式。这些惩罚将施加于许多个人,因为他们做了即使是不道德或丢脸的事,却从来不被算作犯罪,而对他们征收的税将带有属于追溯性惩罚范畴的不公正色彩。这种税收还会产生麦考莱所清楚地阐明的另一种弊病,那就是它将使更多的纳税人阶层兴致勃勃地去找出不端行为的案件,以便证明惩罚性的税收是正当的,因为那种税收的结果将减轻他们自己的负担。如果财政政策把全国的负担尽可能放在那些因为品德有亏而不配致富的有钱人肩上,它就会大规模地犯下1698年麦考莱在下议院所严厉谴责的错误,而远不会引起人们的愤怒。但这样的政策不能说是不可能的。我们已经看到有些政治家即使不是为了惩罚错误行为而征税,至少也为种种税收辩护,因为他们偶然也确实惩罚了那些犯有不得人心的不端行为的人。不容否认,近年来对于获有执照的酿酒业所课的捐税一部分是由反对那种生意的强烈情绪促成的,因为抱有那种情绪的人认为这是靠人民的恶习获利的买卖。劳合·乔治先生[①]在伦敦码头区发表了一篇著名的演说,他在那篇演说里谴责某个地主犯了讹诈勒索的罪行,借此为他所建议的土地税辩护。在这里我们似乎非常接近下议院力图判处邓库姆罚款的那种观点。毫无疑问,在普遍实行对未来收益征收

① 戴维·劳合·乔治(David Lloyd George,1863—1945),英国政治家,1916—1922年任英国首相。——译者

五分之一捐税同对一个人的全部财产课以三分之二罚款的专门法案之间有着很大差别。然而，这两种情况同样包含一个主要的弊病：处罚那些从未被证明犯有违法行为的人，并使社会从处罚的结果中得到好处。专门向一类人征税，就是惩罚他们；不因犯罪而施加惩罚是不公正的；为了从中谋取利益而侵犯别人的权利是不正直的。我们不能怀疑，如果议会进一步考虑纳税人应得惩罚的事实而不考虑他们负担捐税的能力，那么，议会将终于发现麦考莱关于效果最少的财政来源是掠夺这句话所包含的真理。

因此，我们在考察了私有财产权以及国家（特别在其收税员的职责方面）同财产的关系所依据的原则之后，就可以得出结论：国家不可能公正地把一种财产同另一种财产区别开来，不论根据财产的经济价值究竟是劳动所得还是不劳而获的原则，或者根据财产的获得是否或多或少对社会有所贡献的普遍原则。所有的财产似乎都有要求国家尊重的平等权利，在国家征税或其他行为方面，都不可能公正地把一个财产主同另一个财产主区分开来。但这并不影响我们要考虑国家可据以干预任何产权的原则，也不影响我们考虑国家应当据以分配捐税负担的原则。在这本书里，我们只能概括地说明国家应当根据什么方针干预有关财产的问题。最重要的原则是，国家对各个阶级采取的行动当然要像对各个个人一样，并且它并不提出一种使正直的人在个人对个人提出要求而不是社会对一个阶级提出要求的情况下感到难以凭良心证明为正确的要求。看来很奇特并值得注意的是，虽然自由党的政治活动家和时事评论家非常谨慎，不肯贸然接受这样的论点，即国家对外国的行为不能根据基督教道德观念的严格标准来评定，而是可以根

据所谓“国家的理由”来评定，但是，他们似乎不知道，国家在侵犯公民私人权利的税收或立法方面的行为也可能引起类似的顾虑。从谴责以“国家的理由”为瓜分波兰或吞并西利西亚辩护的言论所表现出来的同样的道德心，在它赞成以某种形式借口国库的需要或社会改革的迫切要求而把财产从一批公民手里转移到另一批公民手里的建议之前，应当三思而后行。“国家的理由”这一论点是好是坏，在两个事例中表现得一模一样。

但有人可能会这样回答，说国家的经费毕竟必须设法筹足，捐税必须向一些人征收，而最适当的办法是向担负能力最强的人征收。这种说法似乎是正确的和合理的。但我们必须记住，有两点需要慎重处理。第一，筹集经费的理由必须十分充足，可以证明为了筹集那笔经费完全有必要征收某项捐税。绝不应该把经费同那些需要用来弥补开支的税收分别开来考虑。为国家的生存所确实必需的开支，例如保证国家的安全以抵御外国侵略的开支，或支付法院、警察、公共卫生和其他公共事业的管理等重要工作的必不可少的开支，不妨在使人牺牲不多而能担负的情况下加以征收；另一方面的开支实际上是从国库拿出钱来以满足某些阶层的需要（不管那些需要是否真实），而不是造福于整个社会的，这种开支就应当由全社会交纳的捐税来弥补。如果不遵守这个原则，那么，显而易见，用那为了改善社会状况而拨款的形式和向富裕阶级征税的形式所做的工作实际上不过是把一部分人的财产转移给另一部分人罢了。这是在一层很薄的面罩下做出了谁也不会对它在赤裸裸地做出的情况下为之辩护的事情。谁也不会为实施这样的法案辩护：每个拥有相当于百万镑的财产的人应当被剥夺一半财产，这样

征集起来的资金应以补助金的形式分配给所挣工资每周不足三十先令的在职人员。我们可以确切地称之为没收少数富人的财产而把它交给为数众多的穷人的做法。同那全部或主要从富人的口袋里提取资金以造福穷人的社会改革方案相比，这只是在程度上有所不同罢了。如果要使为了某些阶级的利益而付出的开支显得公允，就必须在国家的账目上把这种开支同造福整个社会的开支区分开来，同时，为了弥补这种有所偏袒的开支而征收的捐税，应当使全体公民了解清楚。如果不采取这种谨慎的态度，慈善事业将很快蜕变为盗窃。

除了关于开支的这个必要条件外，还必须对任何个人应当为国家的开支贡献的那部分财产规定某种限度。税收和没收只有程度上的差别。如果你把所得税从每镑征收一先令增加到每镑征收十先令，你就会剥夺所有必须交纳这项捐税的人一半的收入；如果再增加到每镑征收二十先令，你就会拿走他们的全部收入。困难之处是在哪一点上划出界线，并且说，“这里是课税的终点和没收的起点。”正确的课税原则可能因缺少这样的界线而近于不公道的程度。一项正确的原则似乎是，捐税的征收应使每个纳税人都付出同等的牺牲。然而，一个似乎有道理的论点可能会利用这项原则来证明，剥夺全部人口中所得收入超过平均收入一倍的每一个人而并不向那些所得收入低于平均收入的人课税的做法是正当的。有人可能会说，被征税的人的经济情况仍然好于被免税的人，因此，那些纳税人需要作出的牺牲甚至比不必作出牺牲的人所交纳的最小数额的税金还要轻。然而，剥夺一个人的一半收入显然不是向他征税，而是对他课以一笔极重要的罚款。大多数人宁愿

遭受相当时期的监禁也不愿交纳这样的捐税。所以，对于如何用税收取得一个人的财产，显然必须规定某种最大限度的比例，如果超过那个限度，即使最富的纳税人也不应负担那种捐税。如果没有这种限度，征税就会发展成为掠夺。

然而，应当在哪里划出界线呢？我认为我们的祖先看到了问题的困难；他们没有划出界线，而是规定了一项原则。他们知道得很清楚，如果他们坚持说，除非征得交付税款的纳税人阶层的同意，不得课以任何捐税，那么捐税就可能成为没收财产的手段。当下议院刚产生的时候，社会的结构是比较简单的。一切捐税只能向主要的两类人征收：靠土地积累财富的人，以及在城里经营贸易和商业而获得财富的人。所以，西蒙·德·蒙特福特[①]和爱德华一世[②]的代议制需要有一些表示地主和商人这两个阶级的同意的议员被派到议会去。第一类是通过各郡的出生于名门贵族的议员来表示意见的，第二类是通过各自治市推选的议员来表示意见的。这种同意是防止压迫的保障。个人可能受到胁迫，但不是阶级。这是因为，固然一个自私的或吹毛求疵的个人可能会拒付一项合理的捐税，一个阶级却只会为了某种重大的理由，或者关于筹措所需经费的政策，或者因为捐税的数额太大，叫人无法容忍（这一点合乎我们现在讨论的问题），才不赞成某项捐税。这样就有效地防止了没收，因为任何阶级都不会同意没收它的财产的。究竟在哪

① 西蒙·德·蒙特福特（Simon de Montfort，1208？—1265），英国政治家和军人。——译者

② 爱德华一世（Edward Ⅰ，1239—1307），1272—1307年任英国国王。——译者

里划出征税不得逾越的界线这个问题，是靠“没有代表权就不纳税”这句箴言来解决的。

人们至今仍然啧啧称赞地援引那句历史悠久的箴言，把它当作自由权利的基本原则之一。然而，它是否确实仍旧起着有效的作用，则也许是值得怀疑的。例如，近年来未经地主的同意征收了土地税，遭到了他们的顽强反抗；而且，在讨论财政问题时，人们认为为数较多的贫苦阶级应该把捐税施加于为数较少的富人阶级身上这种做法是完全合情合理的。然而我们很难看出这种做法同“没有代表权就不纳税”的原则有何相符之处。如果我们理解到那个原则意味着每个阶级都应同意对本阶级的税收，那就可以看出实际的情况肯定是同那个原则不相符合的。如果我们不是这样来理解那个原则，我们就很难看出为什么爱德华一世认为有必要召集郡选议员和自治市选出的议员，以便使每一位议员同意所要征收的捐税。的确，他为什么召开下议院会议呢？当时贵族向平民征税，这在本质上并不比现在景况较差的多数人向较富的少数人征税更不公道。如果有不公道之处，那么这两种情况同样是不公道的，因为二者都没有得到纳税人的同意。但是，现在我们也许已经远离了英国人初期的自由权利赖以得到维护的原则，来坚持“需征得纳税人同意”这一学说，就像有人在十三或十四世纪本来也会坚持的那样。然而，如果我们认为，对每一阶级征税的办法都要取得该阶级的同意以便完全保证不受欺凌这一点是行不通的，那么，我们就应该找寻另一种办法，以避免捐税激增，以致最后带有没收性质的严重危险。本书的范围不允许我们详细拟定一项政治纲领。如果要使私有财产制不受攻击，我们在这里只要提醒大家注

意把征税同没收财产区别开来的重要意义就够了。

保守党人像自由党人一样受他们所维护的这些原则的制约，因此可能会承认，正常的征税原则应规定税率的大小以纳税人负担捐税的能力的大小为准。只有当捐税是向社会一部分人征收，以便为另一部分人的利益支出时，或者当捐税的数额很大，以致不能合理地把它同罚款区分开来时，课税才开始侵犯私有财产权。在征税方面还存在着许多别的问题，但这些问题同私有财产权或这种权利所提出的正当要求无关。它们实际上是政策问题而不是公道不公道的问题。“保守主义”不应成为富人的事业，事实上在最好的情况下也不是如此，但它应该致力于维护财产制，使其不受不公正的对待。它应该如此，不仅因为财产制是公共幸福所必需的制度，而且因为产权人像其他的人一样有权得到保护，不受不应有的损害。公正之道和最适当的办法总是并行不悖的，那种认为改良社会的措施可以明智地以不公正的原则为基础的想法，不仅是错误的，而且是不道德的。但对于这个更加普遍的问题，我们决定在另一章里详加讨论。

第六章　国家和个人

从前有人问道，“是蛋生鸡还是鸡生蛋呢？”哪个在先，是演化出完整有机体的胚胎在先呢，还是产生胚胎的完整有机体在先呢？关于国家和个人，也可以提出多少有点类似的问题。我们是否会认为国家是许多个人为了自身的目的建立起来的，就像建筑他们所住的房屋或者建造他们在其中礼拜上帝的教堂呢？如果是这样，我们就碰到一个难题：我们所知道的个人基本上是国家产生的。不但他的几乎全部的财富，而且同他的个性有更密切关系的许多事情都有赖于国家的作用。使文明有别于野蛮状态的，是国家以及有赖于国家的一切。因此，如果没有国家，身体的健康状况就必须适合完全不同的条件，智力的培养将根本不可能产生。大多数人也许由于他们和他们的祖先在许多世代里过了长期的文明生活，已经变得非常脆弱，不堪经受回复到野蛮状态甚至回复到国家发展的最初阶段时不免会遇到的那种紧张劳累和风餐露宿的生活。舒适生活的水平已提高了很多，以致过去认为舒适的甚或奢侈的东西现在已成为生活和健康所不可缺少的必需品了。现在最艰苦的工人也过不了撒克逊贵族通常所过的那种生活。人们不但不如从前那样健壮，而且他们在生存条件上也有赖于人为的复杂组织。像近年发生的铁路工人罢工的事件就使我们深深感到：文

明人的生存在本质上同自然状态相距何等遥远。高度有组织的交通设备不过是在国家的保护和监督之下发展起来的事业的一部分。然而,如果这些交通设备即使有短期的间断,大部分居民就确实有发生饥饿的危险,贸易和商业所受的阻碍和损害就无法计算,而且几乎是不可想象的了。国家及其产生开化作用的行动不仅对人类生活所凭借的物质资料有巨大的影响。智力本身主要是由文明的环境所形成和指导的。如果我们想象自己被送回到文明尚处于不发达和不完善阶段的某个较为原始的时代中去,我们就会发现,简陋的环境会在人性中产生令人无法忍受的粗鄙和粗暴。当然,那里会有力量和美德这样一些可以起抵消作用的因素,而这些因素在奢华生活的环境中是会逐渐消失的。然而,经验将使人不能否认,一般的人性已经深受文明所带来的安全和舒适生活的影响,因此我们可以正确地说,甚至人类的内在本质也因国家行动的后果而有所改变。但对于这个总的命题,我们还必须提出一项重要的保留意见。固然,如果我们一般地观察人类,如果我们想到普通的人,我们就一定会对国家和文明的力量给予很高的评价。但如果我们观察个人的甚至在未开化环境中的最完美的性格,我们就发现自己面对某种并不通过国家的作用而产生的东西,看到人性中某种甚至在最不利的情况下也存在着的精神因素,它超越世间的一切障碍,不论在最原始的野蛮状态中还是在最发达的文化中都放射出一位圣徒的灿烂光辉。然而,除了这种影响人性的精神方面而不是身心方面的例外情况而外,我们可以说,人类的幸福在很大程度上有赖于国家的行动,因此人们几乎可以断定,国家创造了个人。

然而，与此相反的理论是比较明显的，并且同样正确。显然，从历史上看，个人先于国家，他为了满足自己的需要，慢慢地发展了国家。同样明显的是，甚至今天那些组成国家的个人不但自觉地开动着国家的机器，而且不大自觉地通过他们性格的影响决定着社会上所流行的总的精神风气和道德风气。如果我们认为国家是满足人们需要的工具，或者认为国家创造了发展人们性格的环境，那么简单地说，国家就是组成国家的各个个人的总和。实际上，不仅从一个时代到另一时代，而且年复一年，甚至月复一月，社会的公共生活是随着个人美德、自我克制和责任心这个领域中的不断变化的水平而改变的。

到此为止，我们似乎同样能够循着即使不是方向相反也至少是方向不同的两条无可辩驳的路线进行论证。然而，如果我们少带一些抽象的意味而主要以解决政治问题为目的来探讨这个问题，我们就会遇到一项具有重大实际意义的考虑。我们已经知道，个人在许多方面来源于国家，就像国家来源于个人一样。他的健康和体力、他的思想观点，甚至他那在相当程度上有赖于环境的性格，大部分是受国家行动的影响的。但是，人性中存在着一个不在国家活动范围之内的精神生活中心。这种精神生活有时具有一种不以周围一切环境为转移的力量。人们身心的一切活动几乎都受文明的影响；但是我们不仅可以在最文明的环境中，而且可以在不受国家干预的环境中，找到人类美德和圣洁的范例。今天很多伦敦公民在财富、生计和精神状态上都依赖国家现在和过去所采取的措施，但其中很少有人像生活在旷野、以蝗虫和野蜂蜜充饥的施洗礼者圣约翰那样愉快或幸福。这确实不过是对上面所指出的事

实的一种说明罢了。这个事实就是：基督教徒的精神生活基本上是属于个人的；虽然它在政治活动和社会活动中表现出来，它却只存在于个人的心灵之内和受到上帝恩典的滋润。所以，当我们要像我们必须作出判断那样根据一项道德标准去判断政治活动时，国家必须遵守个人的礼教习俗。我们不得不把国家看作个人的集合体，它要按照那些个人所必须遵守的道德义务办事。不论在国内还是在国外问题上，如果“国家的理由”这个词的意义指的是在国家问题上要用另一种道德准则来代替一般的个人义务，那么，我们就认为必须摒弃“国家的理由”这一观点。我们觉得有必要参照个人的义务来解决一切道德问题，因而最终也解决一切基本的政治原则。道德是个人的事情，这是使个人比国家卓越的因素。如果用一句大家所熟悉的话来表述一种新的意义，那就是：个人是太阳，国家是用借来的光发出光辉的月亮。

规定必须根据那些应用于个人的道德准则来判断国家的行为这一原则，将使我们能够进一步有所理解。由此可以推断：正如国家中的任何个人一样，国家可能会用不公正的手段使任何人遭到损害。当然，我们不应当认为国家对个人的责任在任何方面都同一个个人对另一个人的责任一样。这是因为个人对国家有许多应尽的义务。不论国家或个人都不能享有做坏事的权利。任何人都不能因为长期对某人做好事而享有侵害此人的特权。例如，做父亲的不能因为他多年抚养和教育自己的儿子就有权利杀害或虐待儿子。道德不知交换是什么意思。没有什么道德的储蓄银行，让人们可以在那里积存好事，以便在适当的时候提取相当数目去抵消他所做的不公正的事情。把国家的道德义务同个人的道德义务区别开来的真正理由是，国家为了别人的利益采取行动，而个人则是为了他自己的利益采取行动。国家处在整个社会利益的受托者的地位，个人只是为自己尽力。因此我们可以正确地说，国家必须关心公共福利，公共福利就是据以判断国家政策的标准。但这并不是一个要我们毫无保留地接受的命题。国家作为一个替别人办事的受托者，它可以并且事实上必须把社会的幸福放在任何个人或少数人的幸福之上。然而，正如一个诚实的受托者一样，它不可以为了委托人的利益而做不公正的事情。拿一个极端的例子来说吧：假定已经证明，对一个人进行活体解剖的实验将对医学的发展大有帮助，但是，不管对公共福利有多大好处，国家都不能以此为理由来考虑对任何公民进行活体解剖。即使牺牲者是个罪犯，我们听到这种建议也会毛骨悚然；但如果他是个无辜的人，那就更可怕了。与此相类似，对公共幸福的任何好处都不能成为国家处死一个无辜的人或把他囚禁或处以罚款的理由。为了社会的利益惩罚无辜者是不道德的，也不能被认为是正当的。如果说国家不应惩罚一个无辜的人，那么它也不应在另一种名义的掩盖下实际上惩罚一个无辜的人。罚款并不因其被称为捐税或财产的重新调整就不算是不公道的事情。它是一种伤害；国家必须遵循的原则非常简单，即伤害一个无辜的人是不道德的。所以，当人们说国家必须为公共幸福服务的时候，这个命题必须受这项条件的限制：国家采取的行动在任何情况下都不应当是不道德的；伤害无辜的人是不道德的。

有些人可能受错误思想的影响，接受一种不正确的理论，认为国家可以平衡它通过等量的伤害所给予的利益。这是对公正的误

解。人们往往把公正说成是仿佛建立在某种平等原则的基础上似的。平衡的观念是人们历来用以描绘正义的表征之一，并被认为是美德的本质；人们在讨论正义和非正义事件时仿佛觉得它们基本上是如何衡量权利对权利、衡量根据权利提出的要求对另一要求的问题。但实际上并非如此。不平等现象往往是可以用来发现非正义情况的一个有用的迹象，但它决不是非正义的本质。在有些情况下，不平等现象可能就是不公道。在一场竞赛中就是如此，因为据以进行竞赛的惯例是把竞赛规则平等地应用于一切竞赛者。所以，任何竞赛者如果受到不公平的对待，就是被剥夺了原先他得到保证的权利，这就出现了背信弃义的行为。同样，在法院执行法律的时候，不平等对待就意味着不公道。这是因为，既然只能有一种正确的执法方式，如果法律在执行时因人而异，那么总有一些案件没有得到正确的审判，有些人就会受到伤害或者他们的权利受到侵犯。如果甲和乙在法院里受到不同的对待，他们俩就不可能得到正确的处理。严格地说，我们可能最好是把正义的这种试金石称作对待的一致性而不是对待的均等性；因为问题的要点在于不可能有两种正确的执法方式，因此，彼此的不同就表明有一个人受到错误的对待。但是，虽然在这些或其他事例中要找出不平等现象作为非正义行为的标志是很方便的，但是我们还必须从另一方面来说明非正义行为的本质。非正义的行为意味着把不应有的伤害施加于人，或不让其享有应得的利益。以利报利不是主持公道的义务，而是报恩的义务；不给予利益的这种报答，不是不诚实而是不厚道。因此，如果企图在个人和国家之间求得平衡，并认为国家在道理上应该从个人那里取得和它拿出的同样多的东西，或者应该从所有的个人那里取得同等的数量，那么，这就是误解了正义的性质。正义也并不要求每一个人从国家取得的东西应该同他对国家作出的贡献成正比。正义只要求谁都不应受到侵害或欺骗。老实说，幸而正义并不要求国家和个人之间有一种利益上的平等交换关系，也不要求国家给予所有的个人以等量的东西或从它们那里取得等量的东西，因为要达到这样的平等对待是绝非人类的智慧所能企及的。国家的责任要简单得多。这就是尽可能使每个人都得到幸福，但又不违背对其他个人的责任，而且绝不使任何人蒙受不应有的损害。换句话说，国家必须寻求整个社会的幸福以及作为社会一分子的每个人的幸福，但要遵守这样的条件：除了惩罚罪犯之外，不得犯有伤害人的不公道罪行。

现在让我们进一步研究一下，“保守主义”的原则究竟在多大程度上涉及到按某种意义确定的国家职能问题。人们往往认为，“保守主义”同社会主义是直接对立的。但这种说法并不完全正确。现代“保守主义”继承了维护国家的活动和权威的王党主义传统。不错，赫伯特·斯宾塞先生[①]攻击社会主义，指责它事实上复活了王党主义；他把社会主义称为“新王党主义”。他认为：王党主义是拥护权威的，而倒是辉格党人，尤其是十九世纪三十年代到七十年代的自由党人强调指出了国家干预的危险和个人自由的重要意义。就这一点而论，斯宾塞先生是正确的。从前，不论中央政府

① 赫伯特·斯宾塞(Herbert Spencer，1820—1903)，英国社会学家，不可知论者，唯心主义哲学家。宣称知识是相对的，人只能认识事物的现象而不能认识事物的本质，著有《综合哲学体系》《社会学原理》等。——译者

或者乡绅和教区牧师的地方权力，都有我们现在应该称之为“父道政治”的性质，并且完全不赞成竞争的不受限制的作用或“放任主义”的原则。所谓政府应该救济人们的苦难，应该监督和控制贸易，应该制止奢侈生活，应该消灭不道德行为，应该维护宗教的真理——所有这些都是我们的祖先特别是其中的托利党人认为合理而拥护的原则。在十九世纪，当自由主义把个人自由的原则推向极端的时候，保守党人中间就有人维护并在某些情况下扩大和加强了国家的权威和控制权。这些争论直到现在还在政治生活中起着极其重要的作用，因此我们不妨选择“保守主义”对国家在两大政策领域内的职责问题的态度，供专门的探讨之用。那两个重要的政策问题是：救济人们的疾苦和管制贸易，即现在我们所熟悉的冠以“社会改革”和“关税改革”这两个引人注目的名称的问题。

国家在救济人们疾苦方面的责任是什么呢？在政治问题的讨论中恐怕不可能提出比这更难解答的问题了；我们可以毫不过分地说，至今还没有一个政党想出过任何普遍适用的原则作为答案的基础。从历史上看，人们所采用的原则是：人人都应因饥寒交迫和流离失所而死亡，但在另一方面，国家不应供养任何游手好闲的懒汉。这是制定济贫法的伊丽莎白著名法案的政策。可以公允地说，济贫法无论如何是托利党的精粹。济贫法的制定是宗教感情所起的作用，它也解决了因人们攻击教会而造成的困难。在亨利八世统治时期，由于解散了修道院并且接着就停止了修道院历来向贫民提供的救济，人们陷入了苦难，而济贫法就是在这种情况下产生出来的。根据济贫法，国家接管了从前依靠教会的布施来进行的工作；当国家这样做的时候，它是在宗教教义的道德力量影响

下采取行动的。

顺便提一下，我们必须记住，济贫法无非是都铎王朝[①]在处理贫穷问题的政策中一个比较厚道的部分罢了。其比较严厉的方面可在禁止无业流浪的法律中找到，这些法律在我们看来是非常残酷的。任何人都不准游手好闲，对无业流浪汉的惩罚最初是残酷的鞭挞，最后的结局是处死。这个方案确实就是我们应该称之为社会主义的方案，虽然它是仿效一种绝不受人欢迎的社会主义。强调执行的事项包含享有工作的权利，而且包含必须工作的义务。贫民习艺所的涵义就是这个名称所包含的意思，是个强迫人们劳动的去处。它是逃避穷困的去处，但它也被看作因懒惰而非不幸才丧失工作的无业游民服劳役的去处。这种国家对人们苦难的慈善和国家对那些被认为是懒汉的严厉所形成的混合制度已经传到现在，虽然有过多次变化和减轻。为了弄清这种制度以什么原则为基础，进行一番分析是值得的。

毫无疑问，救济穷人原先是基于基督徒的慈善责任感，而不是基于所谓伸张公道的权利。国家要供养饥民，因为那是基督徒的责任。我们可以肯定，伊丽莎白和她的议会决没有想到人们有权受国家的供养以体现公道的精神。他们关心完成基督徒的布施工作。但现在却有人认为，我们应该维护和坚持实行济贫法，因为公道而不仅是仁慈要求国家不让公民挨饿。这就提出了一个极其有趣和重要的问题，因为如果我们能够明确地回答这个问题，我们就会发现，其他许多社会问题就能通过同样的线索得到解决。

① 都铎王朝是都铎（Tudor）家族于1485—1603年统治英国的时代。——译者

公道所提出的要求确实是一种具有吸引力的要求。可能有人主张，一个正直的人过着清白的生活，只要有机会总是尽力工作，但这个人也可能纯粹由于不幸而不是由于自己的过失，陷于极度贫困的境地，如果他得不到别人的援助，说不定就会饿死。于是有人就可能问道：让他听凭命运摆布，而他所处的社会虽然获得他那正直和勤劳的生活的好处，却竟然袖手旁观，这算不算公道呢？认为让他听凭命运摆布是极端残忍的，那样做对社会来说是一种可耻的罪恶，对上帝的律法来说是极其严重的违犯，这种看法是非常正确的。然而，我们不妨问一下，这种恶劣的行为严格地说是否算违反正义。让一个人挨饿的残忍的国家并不积极地伤害他。唯一的问题是：国家是否不让他得到有权获得的东西？我认为很难这样说。国家从来没有明确地说或含蓄地表示它订立过契约（假定需要有订约的手续），答应使人免于饥寒。国家对他并无食言之处，因为它没有提供保证。国家对他并无任何应尽的义务，除非我们采取这样的理论：虽然人们在提供服务时并未订立契约或作出保证，但提供服务的本身却构成了要求获得某种等价物的权利。然而，难道我们应该说，一个人必须按照公道的原则报答他从来没有答应要酬劳的服务吗？我并不这样想。除非明确地或含蓄地提出过某种许诺，否则法院也决不会满足哪怕是关于最大的服务所提出的权利要求。即使一个人挽救了另一个人的生命，他也不能凭借法律的力量强行为他所做的好事索取最小的报酬。从法律的观点来看，正义并不要求一个人有恩必报，或者应当乐善好施；它只要求一个人应当对别人遵守信义。违约是不公道的，加害于人是不公道的，但在未经约定的情况下没有感恩戴德，则不算不公道,因此法律并不纠正忘恩负义的行为。如果把同样的原则引用到国家和饥民的关系上,那就似乎可以明显地看出,饥民以前对社会的贡献并不构成按公道原则要求获得救济的权利。前面已经指出,平等的观念、做好事应有公平的等价交换物这种观念,只有在某些有约定俗成的条件下,例如在进行竞赛的条件下,才是公道概念的一部分。在没有约定俗成的情况下,即在没有默许的情况下,人们不去重视帮助应该获得帮助的人或受苦的人,这尽管是残忍的或忘恩负义的,但并不算作不公道。

这个结论似乎振振有词,但不容否认,它包含着某些难以说清楚的推断:济贫法提供的救济不是为了公道而发给的,因此就必须根据另一种理由来维护济贫法,否则就应加以废除。谁都认为,废除济贫法在道义上是不可容忍的。那么,怎样才能证明济贫法是无可非议的呢?如果我们说,救济穷人是国家的慈善事业,那么我们就碰到两个困难问题。第一,慈善事业不应该而且的确不可能同济贫法本身的强迫性质相符合。第二,人们不容易理解,既然慈善事业所需要的救济肯定比这更多,你又为什么只限于救济穷人呢?对于这些反对意见的答复可能是:事实上,国家救济穷人肯定是出于怜悯的动机。任何人都不能怀疑,如果社会认为它自己可以不必承担慈善事业的义务,那么,济贫法当初就不会通过,或者即使通过,也绝不会始终保持下来。它已经被保持了下来并且大概还要保持下去,因为社会是慈悲为怀的,不忍心把它废除。那么,对于强迫社会担负慈善事业的开支这件事情,我们又该怎样来为之辩解呢?强迫人们布施,这在道德上岂不是荒唐的吗?

我们只要回想一下我们关于建立国教所说的话就可以回答这

个问题。那时我们指出，只要人人都有同样的宗教信念，建立国教就产生不出或不可能产生困难。只要大家有这种一致的宗教信念，甚至更老、更严格的国教概念也可以证明是理由充足的（虽然也许并不明智）。例如，如果不参加公共礼拜的唯一原因不是在信仰上有何分歧，而是秉性懒散或不够重视，那么，要求每一个人都参加公共礼拜，本来就不算什么压迫。但在目前，虽然大家对宗教的意见并不一致，对基督教的某些道德义务的看法却是一致的。在这些普遍承认的义务中，有救济赤贫的义务。我国的居民并非全是国教信徒，甚至也不全是虔诚的基督教徒，但就救济穷人的道德义务而论，他们却是一致赞同的。所以，采用强迫的方法来制止那些非经强迫就不缴纳济贫税的人的那种被公认为毫无理由的漠视态度，从而推行人人认为正确的措施，就不是不可允许的了。固然，那些完全由于迫不得已才缴纳济贫税的人并不是在做任何乐善好施的行为。但是，纵然有些人没有达到公认的道德标准，不愿缴纳必需的款项，他们也完全不能妨碍国家以集体的名义实现它的慈善目的。如果有人从心底里就不同意缴纳济贫税，如果全国人民已不再有一致的道德观念，那么，这个论点就不能成为强迫征收济贫税的理由。然而，只要举国上下一致承认救济穷人的道德义务，即使有人不愿遵从他们内心并不反对的义务标准，国家也有权实现全体公民所赞成的慈善目的，正如它有权推行公共政策的其他任何计划一样。

我们认为救济穷人是明智的，因此也可以根据国防或其他任何种类的公共开支的同样理由，更简单地为救济穷人的措施辩护。不去救济穷人，即使不是不人道的，也肯定是不明智的。听凭一部分居民走投无路，势必会鼓励犯罪和暴行，削弱法律的权威，危害社会秩序的稳定。这在情理上是个非常有力的理由；但其弱点在于它肯定不是真正维护济贫法的理由。凡是认真考虑这个问题的人都不会怀疑，济贫法事实上是作为国家的一种慈善事业制度而获得人们同情和支持的。除非事实上更多地以另一层理由为根据，否则就必须用同样的方法来捍卫大规模扩大养老金条例所规定的对穷苦人民的援助以及近来实行的国民保险等措施。有人可能会巧妙地但也许不能十分令人信服地说，虽然在道义上我们不能要求国家援助那些有过贡献但因年老、多病或失去工作能力而陷于穷困的人，但我们也可以提出合理的感恩要求。我们已经指出，任何人都不能因为搭救朋友的生命，就在道义上有权获得那位朋友的好处，但他确实有权使对方表示感恩戴德。忽略报答并不构成伤害，但如果拒绝帮助一个对自己有大恩大德的人，那当然是严重的忘恩负义。同样，如果国家对那些有过贡献而勤奋的人，在其老年时不给予养老金，或在生病时不给予帮助，那么我们就可以说，国家对他们是忘恩负义的。感恩同慈善或公道不完全是一回事，但它具有这二者的某些方面的性质。我们常常说“欠了某人的恩惠”等等的话；但这样的话事实上只是打个比喻，因为属于公正义务观念范畴的感恩缺乏计算上的准确性，也并不表明故意拒不还债是盗窃或欺诈行为。另一方面，感恩所包含的意义同怜悯一样，近乎慈爱；虽然它本身不是慈善，但它同慈善混合在一起，实际上往往无法把它们区别开来。

因此，国家帮助穷苦人民的责任可以说是国家的慈善事业或国家表示感恩的问题，也可以说是纯属适合时宜的问题。“保守主

义”毫不勉强地根据这三个理由来支持这项政策。凡是希望本国幸福的人都共同感到感恩和适合时宜这二者的影响，而根据慈善的观点发表的议论对于继承王党主义宗教传统的保守党来说，也肯定不是毫无吸引力的。这些问题能使“保守主义”同其他明确表示观点的团体发生冲突的唯一的一点是：这些问题是否成为确立这样一个理论的理由，即每人都有权按照他对国家的贡献大小去向国家提出合乎比例的要求。如果所提出的只是感恩的要求，那就根本不存在确切比例的问题。但是，如果这个要求是属于主持公道的要求，并获得人们的承认，那就会立刻为建造国家社会主义完整制度的一座建筑物奠定基础。因为十分明显，如果这是个有关公道的问题，那么要求国家帮助的人究竟有什么苦难，就是无关紧要的了。一个债权人即使他很穷，需要别人偿还所欠的债务，也仍然不折不扣地是个债权人。抢劫一个百万富翁同抢劫一个乞丐一样，分明是不正当的。公道并不考虑因困难而提出的任何特殊要求。因此，如果我们发放养老金，把它看作接受者因为有过贡献而理应享有的一项权利，我们就应当把养老金发放给从巨富到赤贫的一切老年人。要是我们考虑到有了疾病保险的人以前作出过贡献，认为他们理应获得国家补助金而把这种补助金发给他们，我们就不应当仅限于发给每年收入不到一百六十镑的人，而必须发给每一个人。如果我们想避免得出这个结论，我们就必须找出某种新的理由来说明我们不愿这样做的道理。有一种理论也许可以给我们提供这样一个理由，那就是：富人所作的贡献已取得了体现为财富的报酬，而那财富是他们在国家的保护和帮助下享受到的。如果说国家并不欠他们什么东西，那是因为国家已经给了他们好处。而且,要是他们已经有所收获,那么就大多数的富人来说,他们所得的报酬无论如何是太多了。这就是有些人实际上所主张的论点。他们开始认为财产基本上是属于国家的,只是由于放纵或疏忽,国家才让它转变为个人的财产,成为他们对社会所作贡献的过高报酬。于是就到了最后阶段,课税和调整财产的方案预先拟定出来,以便实现这样的理想:即人人都得享有被认为其贡献所应得的东西,但不该比这更多。

这个逻辑结构似乎有三个缺点。第一,主张国家在道义上有义务用同等价值的东西去报偿个人对国家的贡献这种说法是不正确的。第二,认为个人在道义上有义务用同等价值的东西报偿他从国家所取得的东西这种说法,也同样是错误的。这两种错误的原因在于把道义误解为在各个个人之间都要账目清楚,接受多少价值就要偿还多少价值。我们已经指出,不平等可以表示不公道,但它并不证明不公道的性质如何。在这方面,如果可以把不平等现象归结为国家的行为,并且它实际上是某种伤害行为留下的伤痕,那么,不平等现象才是不公道的真正标志。所以,如果认为个人事业成就的不平等程度表明国家必定在某些方面有不公道之处,那就是认为这种不平等现象是国家的某种伤害行为造成的,此外就不可能有别的解释了。但事实上彰明较著的是,在人性中以及在命运使不同的人遭逢的机会中存在着大量不平等现象,这些不平等现象完全足以说明由此而产生的财富分配不平等的原因。因为做了好事就要求获得公正的处理,这不论是个人向国家提出的,还是国家向个人提出的,都缺乏根据,因为任何人都没有义务为那些好事给予他所没有答应过的酬报,并且仅仅根据有些人在

国家的保护下比别人获得大得多的成就这一点，也不足以证明，甚至似乎不能振振有词地表明有任何不公道之处。第三种反对意见从实践方面接触到同一个弱点。即使要求有权平衡国家和个人之间互相提供的利益的主张能够成立，它在实践上也是根本做不到的。除了根据竞争市场的标准而外，我们完全不可能衡量贡献和利益之间的相对价值，况且正如我们已经指出的那样，这个问题并不属于从道德的角度加以考虑的范围。在我看来，提倡社会主义的人似乎并没有充分认识到这个困难。他们企图废除竞争，当然也就会连带废除竞争所决定的交换价值，但同时他们又希望每一个人能按劳取酬。这是企图实现一种非落空不可的愿望。如果没有竞争，目前的价值标准就不复存在。在一个社会主义国家，人们将不得不采取另一些方法来决定每个人应得的报酬。但是，要估计服务的真正价值，却决不是人力所能办到的；毫无疑问，虽然对于劳务在名义上可以给予一定的报酬，但事实上这要受到个人势力和政治压力的影响。因此，企图在国家和个人之间相互给予的利益和服务上做到收支平衡，这不但不是公道的，而且是行不通的；重要的是，保守党人在支持济贫救苦的明智而人道的措施时，不应糊里糊涂地接受那种好像有点道理又很吸引人的但并不正确的所谓要求公道的论点，因为这种论点可能会通过错误的推理被用来支持极其有害的谬论。

我们不妨在这里指出，企图进行重大的社会改造，借以使人们的财富更接近于平等，这不但不是公道所必需，而且也不明智，或者更确切地说，财富的这种重新调整只有一个方面可以被承认为对社会有利。使穷人变得富裕些，这无疑是明智的做法；但令人奇

怪地流行的意见却是，使巨富变得穷一些也不失为上策。现在我相信这种想法是错误的。使穷人变得富一些，使贫困的现象不致再发生，使每个家庭的成员不但得到温饱而且有足够的财力以保证在患病时也享受舒适的生活，并使他们有适当的假日，有人生的乐趣，而不是单纯辛苦地工作，这肯定是非常值得想望的。但是，虽然人人都必定同法王亨利四世[①]一样盼望每个农民的锅里都有鸡鸭，盼望贫困现象随着时间的推移越来越减少或不那么紧张；但据我看来，如果认为同时应该逐渐消灭社会上的巨富，那就不是同样正确的了。恰恰相反，社会上存在着巨富看来比存在着中富对社会更为有利。认为每年有五千镑收入的人比起每年有十万镑收入的人来是个好得多的公民这种想法，经经验证明是完全没有道理的。就奢侈的生活来说，这两个人都差不多。按照广大居民的一般生活水平来看，他们的生活都是够奢侈的。但是，极其富裕的人往往比不太有钱的人更意识到他不仅应该为自己而且应该为别人使用他的财产。他的富裕激发他自己的想象力。财富给他提供为别人服务的机会会激起一种自然的雄心壮志和一种可以原谅的虚荣。舆论通过赞美或谴责刺激他慷慨解囊。他不能完全过着自私的生活而不受各方面的物议。如果他把财产用于宗教事业或慈善事业，他就会因为看到自己力量的巨大以及迅速获得的伟大成就而感到快慰。即使除去最崇高的动机，他也有一切因素促使他疏财仗义；一切因素都使他毕生慷慨为怀。但每年只有五千镑收入的人除了敦品励行而外，几乎没有什么别的东西能够使他仗义

① 亨利四世（Henry Ⅳ，1553—1610），1589—1610 年任法国国王。——译者

疏财、乐善好施了。如果他愿意把收入完全用于寻欢作乐，则除了在他极其狭小的圈子里以内，他的享乐主义是不会被人们所知道和注意的。另一方面，如果他想慷慨解囊，其规模也一定较小，引不起人们的注意。他的捐赠产生的效果不大，激发不起人们的兴趣。他做的这类事情可能使他的良心感到快慰，也许还使他博得若干朋友的适度赞美，但报上不会登上他的照片，也不会使他流芳后世。从社会的观点来看，它从百万富翁那里获得的利益当然比它从那不在富豪之列的富裕阶层那里获得的利益要多得多。我相信我国人民赞成仗义疏财的感情比其他任何欧洲国家都更强烈，而事实上这种感情的根源也许可以追溯到地位颇高的大地主的模范行为。这种感情是由他们开始的，以后又从他们传播到现今往往要富裕得多的资本家阶级，再传到那些以其财富而成为社交界中心的一切人身上。但如果有些社会改革家的方案受到人们欢迎，但每个人的收入每年都不超过五千镑，那么这个传统恐怕就会消失了。将来也许还会出现一个爱好奢侈的阶层，其人数可能比现在的奢华阶层还多。但那个爱好奢侈的阶层将不再是慷慨疏财的了，而且，除非出于最崇高的动机，除非在虔信宗教的少数人中间，它将不会是个慈悲为怀、乐善好施的阶层了。认为财富是由个别人来使唤的管家这种想法，将成为只有虔诚基督教徒才知道的一个希望别人必须做得十全十美的要求。生活富裕的广大群众将毫不掩饰地把钱用在自己的身上。

国家为了调整可以允许个人获得的财富数额而进行的直接干预，似乎有不公道之处，且其本身也是不明智的；但国家已经干涉并往往被要求去进一步干预贸易和工业的结构，其目的不是要控制个人的收入，而且为了整个社会的共同利益。为此我国已经通过了一些精心拟定的法律，以避免在采矿和其他危险职业中的事故，并且为了人民健康的利益对工厂和作坊作出规定，以及限制或完全禁止雇用童工和不太严格地限制雇用女工。最近还采取一些措施来禁止被认为过多的劳动时间，以保护成年的矿工，并且责成某些血汗劳动的行业服从工资评议会的控制，按规定付给工资。概括地说，国家的这些干预以两个原则为依据：第一，干预的结果是值得欢迎的；第二，由于某种特殊的情况，干预是不可能由直接有关人员的自愿行动来实现的。这些理由似乎很有道理。但这些理由有一处意义非常含糊的地方，其中隐藏着一种潜伏的危机。什么叫做值得欢迎的事情呢？对于政府可能认为满意的一项法律，它所控制的那个工业部门的工人也许事实上并不欢迎。或者，一些有关的工人可能认为它值得欢迎，但并非所有的工人都是如此。这就是关于八小时工作日法案实际上所发生的问题。如果有人认为国家必须按照有关工业部门一些职工而不是全体职工感到满意的方式进行管理，那就显然会提出一个新的论点。非常明显，如果国家进行干预的目的不仅在于保护像妇孺那样不能保护自己的人，并在某些工种方面可能保护男子，而且也在于强迫那些完全有能力对自己利益作出判断的成年人按照特定的方法去从事他们的职业，那么，政府的立法就可能变得非常专制了。第二个危险是：虽然穷人在同富人打交道时确实有时不能保护他们自己，但我们却不能不经过仔细考虑就轻率地认为，用自发的方式来保护自己是没有的，他们非仰赖国家的权力不可。也许往往会发生这样的情况：工人们采取联合或其他方式可以自行设法避免不平等的

交易，而无须国家的帮助。如果能够找到这种方式，那就好得多了，因为归根到底，国家有赖于组成国家的许多个人的性格所包含的活力；那种性格常常凭借设法克服困难和摆脱苦境的努力而得到加强，并由于人们习以为常地指望国家的帮助而遭到削弱。如果现在流行的想法在六十年以前就同样流行，恐怕国家就早已为工人们做了目前工会和劳资谈判所已经做的事情了。这种不同的情况当时肯定对工人没有什么好处。工会是在工人自己的控制之下，是一种能够经常适应需要的灵活组织。国家则受制于各种复杂的力量，肯定不会符合一个具体行业中工人的愿望。国家是个难以掌握并且运用起来十分笨重和难以逆料的很不灵活的工具。过去可能很容易出现这样的情况：工人们会发现他们自己处在一种接近于受国家奴役的讨厌境地，处处受到官僚主义规章的控制，而最糟糕的是受到他们工业部门为他们规定的种种限制，什么事情都不让他们自己采取主动和作出决定，因而使他们变得软弱无能。

很少有人会怀疑，工会的自发行动对工人阶级的帮助比国家权力的行使所能做到的帮助要多一些。工会的行动带有国家所不能仿效的操纵自如和适应性，同时工会也给予会员以一种在自我克制、忍耐、刚毅和领导能力方面非常可贵的训练。然而，我们必须认识到，自发行动所进行的事情是通过摩擦完成的，只有经过有时是长期紧张和冲突的时期才获得良好的结果。我们的父辈和祖父辈认为工会是和平的破坏者，而事实上工会也确实常常造成许多严重的错误和采取无理的、令人恼火的或顽固的态度。这些是个人自发行动所产生的枝节问题。当你运用国家机器的时候，你很快就获得相当程度的智慧和效率，以及由于行使莫大权力而产生的得心应手的顺境。但是，一个大国的行动却不可避免地具有一种僵硬死板的性质，使这种行动只有在明确而为人们熟练掌握的目标的指导下才能发生效力和获得成功。法律的制定不可能完全符合客观的情况，也不可能适应预料不到的情况。因此，如果一个方案在任何方面都被人们误解，国家的行动就停止了，我们就会发现社会改革家们悲伤地承认：某某议会法案虽然用意可嘉，但确已成为一纸空文。人们对于法律失效的情况往往是这样解释的：这个问题存在着某种没有料到的因素；法律的条文一旦通过，就不能有所偏离；所以，如果法律的权威对案件的事实格格不入而又不能适应那些事实，它就成为无能和无用的了。然而，对国家行动的一项更为重大的反对意见认为，国家行动没有自发努力所具有的教育意义。工人们为了增加工资和缩短工时而联合起来组成工会，这样他们不但获得他们所争取的工资和劳动时间，而且还顺便获得非常可贵的社会教育和政治教育。他们必须学会彼此如何合作；他们必须注意尊重舆论；他们必须懂得合理地关心别人的利益。工会曾经屡次做出蠢事这个事实很好地证明了工会的真正价值；因为正是由于做出蠢事或至少有机会去那样做，人类才真正学会聪明。

可是我不应该在这个题目上大肆发挥，因为只要国家的行动并无不公道或专制之处，那就不能说“保守主义”的原则是同国家行动相敌对的。这一点已由近年来保守党接受国家在对外贸易和殖民地贸易方面的干预方案即我们所说的“关税改革”这一行动表现出来。这个政策力求调整我国的进口贸易，以便达到如下三个

目的:第一,把我国对外贸易的一部分转移到皇家海外自治领去,以便造福于那些地区;第二,区别对待那些在关税安排上对我国优厚或愿意优厚的国家和那些不愿优厚我国的国家,按照允许外商进入我国市场的条件给予他们相应的利益;第三,限制外国竞争,以防止我国的生产情况发生令人不安的突变,保持国内市场的稳定。这个调整方案是通过征收进口税来实现的,在制定方案时顺带也希望达到第四个目的:为财政部提供收入。如果进而讨论这个政策所涉及的经济理论,那就会超出本书的范围。我们只需指出这个政策同“保守主义”一般原则的关系就够了。“关税改革”主要是“保守主义”的帝国主义方面的一种表现。它对保守党人有吸引力,因为它提供机会以满足自治领同胞的愿望,使我们能够用爱国主义同情心理和贸易利益的前景吸引他们更紧密地靠拢祖国,并能补偿外国保护主义关税对英国贸易所造成的损害。其次,它引起“保守主义”中托利党人成分的共鸣,因为它试图由政府来调整贸易的不稳定状况,消除激烈竞争所造成的显然令人不满的结果,从而在贸易的领域里建立稳定和秩序。它对现代“保守主义”的纯保守主义成分没有吸引力,因为保守党人怀念自从采取自由贸易政策以来出现的成功和繁荣的岁月,而不愿进行任何改革。他也不难看出:“关税改革”可能会很容易地导致一种更加明显的保护主义制度;如果我国存在着高度的保护制度,那就会为社会主义铺平道路。因为在保护主义制度之下,联合企业和托拉斯的发展就会像在美国和德国那样获得巨大的推动力。我们很难说,一切生产资料由国家掌握比起由若干私营联合企业来垄断会更加危险和有害。这样的意见肯定是正确的:摆在我们面前可供选择的

切实可行的办法是竞争（至少是我们同胞中间），或者是国家的控制；为了任何私人集团的利益或者为了任何低于国家的利益来限制竞争的做法，将会很快就被判定为不可容忍的。对于这一点，关税改革家们无疑会这样回答：他们并不梦想要实行任何足以造成这种祸害的高度保护制度。但他们遇到的困难是：如果关税很高，足以有效地限制外国的竞争，那么，支持关税的国内商人的联合组织就一定会应运而生；如果关税并不很高，就达不到国内市场的想象中的稳定。总之，要实行不产生弊病的有效竞争是不容易的。如果你们为了求得稳定而排除外国的竞争，国内的商人将倾向于通过联合使市场更趋稳定；最后社会主义者将有力地论证：如果你们的目的在于求得稳定，那么，由国家进行生产而又没有竞争就是最稳定的制度了。

然而，不论我们认为这样一种国家干预是明智还是愚蠢，就我们目前的意义来说，更为重要的是要强调指出，国家的干预政策本身并非同“保守主义”格格不入。总之，关于所提出的有关国家和个人的各自活动范围的问题，那却不是保守党人用任何笼统的答复所能回答的。能够提出的唯一带有普遍性的主张是：国家不该不公正地对待个人，那就是说，国家不该给予他们不应有的伤害。如果这个条件得到承认，保守党人就要不考虑任何一般的准则，而是要以一种对未经考验的事情抱有怀疑，宁可发展而不去推翻和改造现有体制的审慎态度，单单根据扩大国家职能方案的优缺点来评定那个方案。所以，保守党人在进行社会改革时不需要根据纯个人主义的方针。“保守主义”同社会主义并不是对立的，甚至“保守主义”同自由主义也是如此。如果听从审慎的意见，宁可赞

成现有的和经过考验的体制，而不赞成陌生的体制，保守党人就不会不欢迎国家的社会活动了。保守党同其他政党的态度之间的主要区别，在于保守党人严格地坚持正义。这意味着要反对任何剥夺各个阶级或个人的全部财产或相当部分财产从而使其陷于贫困的措施。把一个人的财产拿来交给另一个人，这种做法显然是不公道的，即使第一个是富翁，第二个是穷人；所以，居然有人主张或维护这种财产的转移基本上所体现出来的立法措施，就确实令人吃惊了。这种主张无疑出于目前相当流行的一项信念，认为非剥夺富人的至少很大一部分的财产就不能消除贫困现象。不管认为这种措施属于上策的看法是否正确，以公道为依据的论点总会受到这样一种主张的反对：既然个人应当不受干涉地享受他们所拥有的东西，他们就同样有权指望国家的帮助来克服困难。这是一种危险的谬论。有人认为，既然富人有权要求国家不去干扰他们享受的好运，穷人也就有同样的权利要求国家使他们从厄运中摆脱出来，这种说法是不正确的。即使贫困现象是不公道的结果这一论断是正确的，用没收财产的办法去救济穷人也是不对的；因为有关道德的主张表达得最清楚的是：你没有权利为了纠正不公道的现象而采取另一种不公道的手段。那种认为把富人的财产转移给穷人的济贫办法是正当的理论，事实上是以两种谬论中的一种为依据的。它以我们已经充分研究过的国家和个人之间彼此都有义务的主张为根据，或者是它不顾那种不加害于人的义务同另一种救济穷人的义务之间的区别。第一种义务总是两者中更加迫切需要的：任何人都不得用抢劫的办法去进行施舍；遭到船只失事的船员即使在极端饥饿的情况下，也不应杀害他们同伙中的任何一个，用他的肉果腹。因此，使富人变穷一些来使穷人富一些的政策即使在实践上行之有效，也是不公道的。然而，这样的办法事实上将是不道德的，并且也将是不切实际的。没收财产的恐惧会迫使人们运出或隐藏他们的财产，他们也摸不准将来积累的财产是否会获得尊重，这就会严重挫伤促进工商业繁荣的进取心和信心。

由此可见，保守党人同任何政治派别一样真心诚意地拥护社会改革的措施，只是他们比某些派别较为审慎罢了。改革立法的目的在任何意义上当然不是保守党和其他政党之间的争论问题。人人都有减轻苦难的愿望。对于保守党人来说，这个目的带有一种神圣的约束力，因为他的托利党信念的宗教基础迫切要求他关心穷人的疾苦。但是，教诲人们同情别人苦难的这些宗教信念，也教导人们把正义看作至高无上的权威；正是在坚决认为不应该用不公道的态度强使国家帮助受苦受难的人这一点上，“保守主义”才在社会改革问题方面找到它的与众不同的特殊任务。

第七章　国际问题和帝国问题

“保守主义”对我国的国际问题和帝国问题的态度具有特殊的重要意义。的确，我们可以说，许多人在号召之下支持保守党而不支持其他任何政党，是因为他们相信保守党在国际问题和殖民地问题上的原则是明智的和爱国的。不，那些原则所起的作用不仅保证保守党获得了广泛的支持。自由党的领导人也已基本上采取了保守党在国际问题和帝国问题上的政策，除了有关财政的争论以外，我国的对外问题已不再成为明显的党派论争的题目。然而，在这些问题上仍然存在着自由主义同“保守主义”之间历来意见分歧的传统。在不赞同自己领导人的大部分自由党人的思想上，这种分歧是起着作用的，并给“保守主义”提供争取选民支持的有力根据。

在有关对外政策的讨论中，人们往往不寻常地直接援引基督教的道德律。自由党人竭力主张，国际问题上普遍存在着不道德的原则，不尊重其他国家的权利，不符合诚恳的交往和基督徒对于杀戮行为的厌恶。他们认为，人们已经用“国家的理由”来代替基督徒的正常道德观念，同时普遍存在着借实现爱国主义目的为名而替恶劣手段辩护的那种极其阴险奸诈的做法。

在国际关系中，君主和政治家们往往为了国家的目的而违反道德律，这无疑是千真万确的。腓特烈大王[①]、卡特林二世[②]、拿破仑、加富尔[③]和俾斯麦[④]（不必再提别的名字了），都为了增进他们国家的利益做出了如果在私人关系中本来会被认为不光彩的事情。可能除了俾斯麦之外，他们谁也算不得在个人的品德上是善良的，这就难怪爱国的动机使他们肆无忌惮了。就人性而论，为了利他的目的而做坏事确实比为了赤裸裸的自私目的而做坏事要容易得多。不管是何种道德心，它始终反对人们为了个人利益或私人报复行动而犯的罪恶。然而，如果一个人的行为是为了别人的利益、为了他的国家或处在这样一种崇高和令人鼓舞的感情的支配之下，那么，良心在一开始就会被麻醉，听任在良心加以究诘时将受到谴责的许多事情不受怀疑就被通过。这种情况不但在高度政治性的事情中发生，而且在各种生活关系中发生。法国人有一句话说：家庭里的好父亲什么事情都担负得了；的确，家庭的影响将在为欺诈或非正义铺平道路和消除良心上的顾虑这些方面起到同“国家的理由”一样的作用。但所有这些不过是说，肩负一个大国在对外关系上的责任的人同担任其他工作的人一样，都有其职业所特有的一些特殊的诱惑，这些特殊的诱惑又征服了那些在道德习惯上品格不高的人。与此相类似，在议会和讲坛上发表演说

① 腓特烈大王（Frederick the Great，1712—1786），1740—1786 年任普鲁士国王。——译者

② 卡特林二世（Catherine Ⅱ，1729—1796），1762—1796 年任俄国皇帝。——译者

③ 卡米洛·本索迪·加富尔（Camillo Bensodi Cavour，1810—1861），意大利政治家，统一意大利运动的领袖。——译者

④ 奥托·冯·俾斯麦（Otto von Bismarck，1815—1898），1871—1890 年任德意志帝国首相。——译者

的人往往毫无顾忌地吹牛撒谎;那些执行刑法的人如法官和监狱看守,必须防止做出残忍的行为;舞台上的演员往往臭名昭著地易于受到不道德性行为的诱惑;爱钱财的人觉得很难严格地奉公守法。所以,在执行外交政策中发生道德上的危险,并无罕见的或特别令人感到可怕之处。这是一种通常的情况,这种情况本身是无害的甚至是善良的,只是因为它在发展中比例失调才破坏道德行为的正当平衡。

然而,认为"国家的理由"往往被允许成为国家严重不道德行为的根源这种看法仍然是正确的;难怪一些善良的人根据从这种弊害所得的反应似乎倾向于提出这样的主张:一个国家对其他国家的行为应该同个人对其他个人的行为一样。但这个主张包含着一种可能使人认为不难看出的谬误。我们把国家人格化了,但国家却不是一个人。它包括为数众多的人,那些以国家的名义发表意见并决定国家政策的人不是为他们自己而是为别人办事的。由此可以推断:要求个人为别人牺牲自己的整个那部分道德观念,以及一切属于无私范围的措施,都是与一个国家的行为格格不入的。谁也没有权利以无私的态度对待别国人民的利益。每个统治者的任务是尽最大努力能为自己的国家公正地和明智地执行每一项要求。他处在别人利益的受托人的地位,必须是公正的而不是慷慨的。

然而,我们必须记住,在国家的行为同个人的行为之间还有一层区别。各国很少能够援引法律的原则,甚至更加不能请求任何公正的当局作出公断。固然,国际间存在着一系列原则,并在较有限的程度上制定了以国际的名义出现的实际规章。但这些原则和

规章并不适用于国与国之间的全部或大部分的争端。在每一争端中，很多事情取决于当时的具体情况，以及取决于那些公认的原则或规章究竟能对那些具体的情况适用到何种程度的问题。当然，甚至对于我们普通国内法的详尽得多的结构来说，这种情况也是不断出现的。法院的机构每天都在工作，决定怎样把法律应用到具体案件上去。但是，相应的国际仲裁机构虽然近年来有很大改进，现在也确实能起作用，但仍旧不能处理许多争端，其中包括严重威胁和平的争端。同法院在个人之间执行司法权的有效权威相比，国际仲裁的效力较差，其原因也许有如下三点。第一，仲裁法庭无权执行判决。当一个法院宣布判决时，它获得国家全部权威的支持以执行该项判决。它还可以利用警察并在必要时利用军队来使判决生效。但是仲裁法庭并不掌握这些力量。它必须向那些发生争执的国家及其统治者的正义感呼吁。而这种呼吁的有效性又同所争执的问题的重要性成反比。第二，人们甚至现在对仲裁是否完全公正还有怀疑。仲裁法庭必须由人来担任职务，爱国的偏见和国与国之间的猜忌又那么普遍和强烈，以致法官是否不受其影响也是十分令人怀疑的。在最近的一些仲裁过程中，法庭采取了一项计划，由专门的法官或其他大法学家来担任仲裁者，从而减少了这些怀疑。然而甚至在目前，人们还没有普遍相信国际仲裁法庭会办事公正。除了这两个限制国际仲裁活动的明显原因之外，还有一个比较隐蔽的但也许是更重要的原因。这个原因直接关系到一个国家的道德义务同一个个人的道德义务之间的区别。

这个原因是人们认为法律的观念不能应用到最重要的国际争端中去。甚至法律也不能完全解决个人之间可能发生的一切争

执。有些人常常发生争吵并且多年来彼此怀有敌意,但他们并不能够把他们的争执提请法院裁决。在这种情况下,法律的作用仅仅是限制他们只能用和平的方法进行争论。如果争端纯粹涉及争执双方的利益,那么基督教的教义就会教诲他们,与其继续争吵下去,还不如受点委屈,但如果争端涉及别人的利益,这就不属于基督教教义所教导的范围了。当问题涉及两伙人的时候,那就可能发生并且确实发生争论,在那些争论中,谁都很难否认双方都可能完全是自认为理直气壮的。资本家同工人之间的争执就是如此,那些争执所以发生这种情况,是因为实际上不存在可以援引的标准。所争执的并非什么是公道的问题,而是关于双方利害冲突的争论,彼此为了想多占对方的便宜而讨价还价。人们往往大谈其"公平的工资"和"公平的价格",但这些说话是经不起分析的。这种适用于个人之间一些争端的道理,往往更适用于国家之间的争端。确实不存在诉诸正义的基础。我们不能说哪一方侵害另一方。双方都希望获得同样的东西,或者他们各自的需要互有矛盾,因此我们没有理由说哪一方是正确的或错误的。双方都可以并且一般都提出一些论点,但是一个公正的旁观者往往可以得出这样的结论:那些论点半斤八两,因此并不妨碍任何一个讲道理的人持有他的观点所倾向的意见。事实上,关于这个问题并没有明显的是非。这是利害的冲突,这种冲突不能由法律来平息。因为法律是以争执双方的共同理由为条件的;但在利害冲突中没有任何共同的理由。

举个例子也许会把这一点说清楚。假定一个欧洲国家同一个南美洲的共和国发生战争。再假定战争的结局是那个欧洲国家获得胜利,它在占领了那个共和国的领土之后,要求并吞其全部或大部分的领土。美国肯定会根据所谓“门罗主义”来反对所提出的兼并主张，因为“门罗主义”规定，任何一个欧洲国家将来都不得在美洲大陆获得领土。从法律的观点来看，根本没有什么可以为“门罗主义”辩护的理由。“门罗主义”并不比《艾丽斯漫游奇境记》中的心灵之王所规定的“凡高出一英里的人都必须离开宫廷”这条法律更值得尊重。它实际上只是说明美国在整个美洲大陆的利益极端重要罢了。美国的人民和政府都相信，如果任何欧洲国家获得了大西洋彼岸新的领土，那就是严重损害了他们的利益。但是，他们并不援引并且无法援引他们和任何一个欧洲国家所共同遵守的原则。他们维护自己的利益，准备为此而战斗，如此而已。另一方面，在我们假设的例子中，那个欧洲国家可能会振振有词地说：它的利益要求为它所进行的战争取得适当的补偿，而根据自古以来的国际惯例，并吞领土是取得那种补偿的恰当方式。这个道理不容否认，但它不过等于说，各国向来习惯于做他们认为符合自身利益的事。美国肯定会拒绝承认并吞领土这个习惯可以适用于有损美国利益的地方。于是就会发生冲突，这种冲突的关键不是何为国际法的问题，甚或不是如何把国际法应用于某种具体情况的问题，而是国家与国家之间不可调和的利害冲突，其中一个国家坚决主张它的利益要求并吞对方的领土，而另一个国家则肯定地说它的利益不允许有这种并吞。这只是个简单的例子；但就大多数的战争来说，我们会发现，战争的原因根据我们分析是一种不可调和的利益冲突，因此它不是任何法律或任何法院的仲裁所能终止的。

有人可能会问：这种取决于利益的要求到底符合不符合基督教的道德观念呢？例如，“门罗主义”是不是一个基督教国家应当

赞成的呢,或者它是不是属于公正自由党人所谴责的"国家的理由"一类的主张呢？答案是:在国际问题上,我们发现自己处于有时被称为"循环论证"的逻辑困难之中。每个人都有权维护自己,一切集体不仅有权而且必须维护其共同的生存。然而,如果各国都必须维护其生存,它们就必须反对一切足以威胁其生存的事情。所以,它们必须维护那些对其生存至为重要的利益。即使危险性很大的损失或伤害不会立刻破坏国家的生存,也应当这样做,因为当时可能发生的情况是,人们很容易预料到由此引起的其他损失或伤害,只有一场战争才能加以避免。一个国家当然应当向前看。如果因为忍受相当大的损失,终于不得不为了国家的生存而进行战斗,那不但愚蠢,而且是不道德的。根据这些考虑,各个国家不免要把它们的切身利益或重要利益、即同国家生存有直接或近乎直接关系的利益归并为一类。它们以同样的态度来维护所谓国家的荣誉,这就是不让本国受到别国完全漠视被伤害国家的民族自尊心的那种侮辱。这样的侮辱一旦见诸行动,势必要成为侵犯国家利益的直接预兆,它将得寸进尺,直到使国家不复存在为止。如果有人问,为何在有组织的国家里个人或个人集体并不同样感到有进行自卫的必要,以反抗侮辱和侵害,因为如果这些侮辱和侵害不加反抗,就很快会发展到威胁他们生命的程度,那么他得到的答复是:在国家和法律还没有足够的力量和技术来保护他们之前,他们是有那样的感觉的。甚至在目前,除了我国之外,所有国家的法律权威还没有扩展到足以使那些希望获得保护以免遭受侮辱的人感到满意的程度,因此他们利用决斗来解决问题。这样,避免国与国之间利害冲突的办法将是通过法治和法院的裁判权。然而,恰恰因为利害冲突不能化为法律条文，仲裁的办法基本上受到了限制。这里明显地存在着逻辑上的循环论证；除非国际法能够规定一个国家在何等程度上和必须受哪些条件的制约才有生存的权利，以及什么事项才可以恰当地被当作国家生存所必需的要素，从而为解决各国之间的利害冲突提供共同点，否则就不会有别的出路。这些是在国际仲裁能够取代战争之前所必须解决的问题。

看来法律和仲裁是不可能克服这个困难的，甚至是不容易规定国家行为的准则的。最有希望的可以遵循的道路是力求确定国家生存的真正含意。因为国家的生存显然不像个人的生命那么简单和那么不容易引起误解。国家遭受的损失可能很大，以致它们会改变国家本身的性质。如果我们失去所有的海外自治领，那么，我们也会遇到这样的情形。在这里，信奉宗教的人所熟悉的关于天职的概念对我们是有帮助的。我们必须说，国家的生存意味着履行国民天职的能力。这使我们接触到基督教的道德体系。因为“保守主义”必须毫不畏缩地援引基督教的教义。作为一个政党来说，“保守主义”的特征不论从它的过去或者从它的未来来看，都应随时准备把宗教的标准应用于政治生活。不论在国际事务或国内事务方面，这应该是它的原则；在维护国家的伟大时，它必须每一步骤都不忘证明为了达到这个目的而采取的手段是正当的。国家的伟大本身就是绝对符合基督教教义的一项目的。尽量发挥自身的才能和力量是一个国家的义务，这比一个个人的义务甚至更为明显。畏首畏尾地不敢负起伟大的责任，不能毅然决然地为了国家的目的而作出重大的牺牲，实际上就是由于胆小怕事、顾虑重重而把我们的才能束之高阁。这是没有负起天职。一个国家理应变

得伟大和希望变得伟大，理应抵制削弱它的力量，并且理应把那股力量组织起来，以便尽可能使它有效地造福于人民。国家的力量是上帝给予的本领；它的统治权是一种神授的代理权；在这个统治权的管辖范围内，它必须尽力为人们的幸福操劳，建立秩序、维持治安、伸张正义、启发愚昧、为宗教铺平道路，以便使世上充满着上帝的智慧，就像海洋充满着海水一样。

但是，什么是“国家的伟大”的道德限度呢？一项有见识的对外政策的职能是维护国家的伟大，同时给予其他国家在世界上的地位以应有的尊重。当一个国家强迫别国放弃对其世界地位来说至为重要的权利，或者迫使它们求助于战争时，这个国家就立刻开始带有不可原谅的侵略性质。一旦对外政策开始有削弱另一国的意图，它就开始走上一条值得怀疑的道路。固然，有某些异乎寻常的事例表明，两个国家如果不削弱甚或不完全摧毁其中的这个或那个，就不可能并存。人们认为这种情况于1899年在南非出现过。但在正常的情况下，在较大的国家之间，我们可以说，如果一项政策的目的不在于使自己的国家伟大，而在于使另一个国家弱小，那么它就践踏了应该作为对外政策基础的道德原则。每个国家必须遵守它的天职，但也必须尊重别国的天职。每个国家都有它所应起的作用，而企图强迫国家放弃或缩小那个作用，就是要它的人民在从事战争和不去承担天职之间作出抉择。在这一点上，国际法是无能为力的。它并不企图决定什么是为国家生存所必需的条件，而这个问题又的确不是法律所能回答的。要解决这个问题，就必须参照关于天职的概念，参照一个国家所正当地占据的并有理由为之进行战争的活动范围的概念。这个概念当然是含糊

的，难以用来实际检验外交问题。但是，当只有国家的利益确实遭到危险时，甚至一条意思含糊的准则也比毫无意义地高呼要求正义的愤怒爱国者们的良知杂乱地发出的命令要好些。履行天职这个观念为明智之士在坚持其在国际法之外进行全国性斗争的主张时所使用的语言提供一个合理的基础，并将使我们不致陷入可耻的投降错误，或者陷入掠夺性的侵略错误。法律和仲裁可能会使我们顺利地克服较小的困难，解决许多次要的麻烦问题；但是，在那些属于利害冲突因而不在法律类别范围之内的争端中，一个大国的行为就只能服从良心的权威，并通过探究履行国民天职的必要条件而受道德决定的影响。这个问题的提出将使我们正当地理解一切外交争端的大小，并将减少战争，但也不让和平成为不光彩的事情。

对外事务的另一大部门并不提出这样困难的道德问题。国家政策的目的必须是促使国民履行天职，这在我们同外国的关系中是如此，在我们同英王海外自治领和附属国的关系中也是如此。虽然在对外关系中天职的履行可能意味着战争，在帝国内部却幸而不存在这种可怕的意外事件。可是，在国民天职这个概念的对照下，帝国内部某种松散的现象似乎越来越明显。天职意味着一个被召唤的人。它使人想起一种有机的和因遗传而结构相似的生物，完全熟练地掌握其全部力量来履行其应尽的职责。现在不列颠帝国并不像这样的一种生物。它的一部分固然是积极的，但其中有一部分与其说它本身在起作用，还不如说它是起作用的场所。奇怪的是，还有一部分可以说既不积极也不消极；它既不起作用，也不是作用的对象；既不是一种力量，也不是一种负担，而是介乎二者之间，既非有所帮助，也不是帮助的对象。帝国的特点居然是

它既包含积极的部分也包含消极的部分。我们在世界上的天职历来是从事治理没有文化的广大居民，逐渐把他们提升到较高的生活水平。那些居民形成帝国的一部分，但至少当他们处在我们统治下的早期发展阶段时，自然很难被认为对帝国的力量有所补充。过了一段时期，例如在印度，他们就从作为国家起作用的场所过渡到作为国家力量的一部分；如果可以得出结论，那么，他们简直可以被看作人类的一切努力所固有的不完善状态的标志。所以，连我们称之为皇家附属国这一点上并无任何不正常之处，并无任何不符合我们天职的显著特点之处。但是，几个大的自治领在目前却起着一种极其不明确的作用，因为它们同联合王国一样，居住着和我们同样的居民，他们的政府也按照我们的文明标准进行治理，他们过着在本质上同我们一样的生活；但这些自治领并没有被组织成为我们国家力量的一个正规部分。它们确实对我们有所帮助，像在南非那样，但这种行动显然是独立盟国的行动，而不是一个单一体的不同部分之间的合作，它们并不像一个人那样怀有随时应召去履行崇高职责的观念。尽管自治领的居民被看作并且感到自豪地被看作同我们一样的人民，他们同我们之间的关系实在太疏远了，甚至打个比喻，他们也不能被看作同一有机体的一部分。如果我们把帝国加以人格化，那么，我们的种种想象就会像弗兰肯斯坦[①]那样，在我们所制造的怪物——具有异类人格的怪

① 弗兰肯斯坦（Frankenstein）为英国女作家玛丽·沃斯通克拉夫特·谢利(Mary Wollstonecraft Shelley，1797—1851)于 1818 年所著小说中的生理学研究者，他创造了一个怪物，而自己却毁灭在它手里。——译者

物——面前畏缩后退。

这就使我们接触到帝国事务的最重大的问题：如何使帝国成为一个单一的有机体，而又不破坏或危害其中每一部分理所当然地和坚定地要求的充分自由权呢？我们希望各自治领的人民完完全全成为国家力量的一部分。我们希望他们侧耳倾听国民天职所发出的命令。我们希望整个国家一心一意地进行它所担负的任务。但我们也希望我们种族的一切公民，不论住在皇家自治领的哪个部分，同等地共享自由自治的伟大遗产。“保守主义”已经在致力于解决这个问题。关于所抱的最终目的，并不存在任何派系的论争。优惠贸易的政策已被宣告为走向所想望的方向的一个步骤；虽然这个政策已被自由党人和极少数的保守党人所反对，这并非因为政策所抱有的统一行动的目标不是他们所想望的，而是因为他们对于它能否确实产生统一的效果还有怀疑。人们有争论的是，给予帝国各部分的英国臣民以贸易上的好处而以牺牲帝国市场上其他英国臣民的利益为代价，是否确实会有助于统一整个国家并把它组织起来。但是，使帝国紧密地团结起来的政策现在是、将来仍然是今天“保守主义”的主要目标。如果将来竟然证明，优惠条件是达到这项目标的一个行不通的或无效的方法，那么，它也会帮助保守党人转变思想，采取新的办法来达到他们所想望的目标的。

重要的问题是要记住：使帝国团结起来这一主要目的是要把帝国组织起来，使之适应战争和属于战争的事情，使之适应引向战争的对外政策，适应军备以及为进行战争所必需的其他防御手段。正是在有关我们对外国和我们的附属国的关系方面，我们才主要

感到我们缺乏帝国的团结，因而难以履行我们作为单一国家的人民的国民天职。我们为了战争而团结一致地组织起来，就应该设立一个机构，也可以用来在帝国各附属国的范围内推行帝国的政策。总之，我们应该按照我们天职所需要的程度像一个单位那样行动。然而，我们在联合王国要在各方面达到更进一步和更紧密的团结；在很大程度上有赖于地理上的接近，这种团结在理论上是值得想望的，但对于像我国这样分散的帝国的整体来说，恐怕是难以达到的。我们并不希望用一种不符合彼此相隔太远这一事实因而不能同见多识广和干练的政府相协调的方法来推行团结事业。总之，我们并不希望干预殖民领地现在所拥有的任何权力。但是，我们希望能够使它们作为整个帝国的有效力量的一部分而活跃起来，以便一个单一的国家单位可以充分履行它的天赋职责。

第八章　议会政体

我国政体享有盛誉，以致对其得失成败的议论已成为陈词滥调。但是，就我们目前这个题目而论，我们还必须略加论述，因为它是现代政治舞台上吸引保守党人注意的几个争论问题的中心。我国政体是英国人民对人类进步事业的最伟大的贡献，它本身又深深地带有英国人民的特色的烙印。世界上一切文明国家都以不同的忠实程度仿效我国的政体。凡是有文明的地方，无不带有其影响的痕迹。但它仍然没有达到在全世界普遍存在的地步。许多国家有三个等级，但我国议会的发展道路是我国所特有的。由于它带有我国的民族特性，并与理论上的十全十美的状况还相差很远，它过去从来不是全世界的模范，但它也许已经可以说是一种地方性的变型。它并不具备人们可能希望一个模范所包含的那种匀称和合理的结构，所以它最使人发生兴趣的或者最重要的特点是它那灵活的适应性。我们恐怕很难指出另一种人类制度已经保存了那么多的外在连续性，又有过那么多重要的变化。它那结构的主要轮廓是六百多年前国王爱德华一世在一种几乎截然不同的社会状态中规定下来的。现在，皇家专员用"Le Roi le veult"（国王愿意）这句话来对国民保险法案表示同意，而用"Le Roy remercieses bons sujets，accepte leur benevolence et ainsi le veult"

(国王感谢他的善良臣民,接受他们的好意,并愿意如此)这句话来对 1909 年的预算表示同意,因为在开始有议会的时候,国王自然是讲的法语。但这种外形上的相似不过是一种政治现实的外部表现罢了,其与金雀花王朝政体的差别就像两种政治制度会很容易有所不同一样。这种变化从来也决不是朝着一个方向稳步地和简单地发展的。金雀花王朝的有限君主制度为爱德华四世[①]和亨利八世的专制得多的制度所取代。那种专制君主制又变为由外国国王和有势力的贵族阶级分享政权的新型的有限君主制;这种君主制又让位于基本上由寡头政治势力操纵的近代民主议会制。这种民主制和寡头政治制的混合物已经改变它的性质,甚至现在还正在改变它的性质,并且我们也很难知道它究竟怎样和朝着什么目标发展下去。这种适应性的来由主要在于英国人民具有一种独特的寻找借口的本领。他们已经根据一种理由来维护用另一种理由建立的制度,而且可能还根据第三种理由为之辩护;发展是不自觉的,几乎是偶然的,但以后又已把它们看作人类智慧的杰作,并竭力为之辩护,说它们是有原则基础的,而贯彻那些原则的人却从来没有想到过。如果有人愿意阅读一本《英国政体史》,他就会发现有一种假设的政体上的天意守护着英国人民,并有先见之明,知道就在《政体史》出版的那一年可以达到怎样十全十美的地步;它引导金雀花王朝君主和约克王朝君主、都铎王朝议会和清教徒反抗者、詹姆斯二世党人和辉格党人、只会讲德语的君主和以英国名字

① 爱德华四世(Edward Ⅳ,1442—1483),1461—1470 年和 1471—1483 年任英国国王。——译者

自豪的君主走向指定的目标；——这个天意保证罗伯特·沃波尔爵士喜爱权力，保证乔治一世不讲英语，保证威廉四世同托利党人争吵，保证维多利亚女王恪守妇道，所有这些都是为了表明，种种事物都应各得其所。这一切其实只是想努力解释我国的政体是前后一贯的，因此认为在它背后有某种起指定作用的意向；而事实上真正的解释却是：英国人有一种独特的本领，能够运用各种性质的制度以适合当时的政治观念。政制的重要发展一向很少是人们有意识地进行或审慎地拟定的。政治家们以及我们称之为舆论的一切复杂的表达方式已经按照他们认为最好的方法转动政治机器，并且也许是以十分真诚的态度自命不凡地说，他们的方法是人们历来转动这部机器时所采用的方法；然后，随着时间的推移，当人们把他们的做法奉为惯例时，其他一些人把那些做法分析为原则，并根据这些原则确立新的做法，结果这些新的做法又以同样的方式变为习惯。这种国民习性无疑有很大的好处。柏克所非常重视的连续性没有中断。剧烈的改革变得困难和罕见了。人们有时间适应运动中的每一阶段，而不致使他们天然的守旧本能遭到打击。就这方面说，政体的发展可以说是通常在典型的保守主义环境下进行的。甚至在出现某种混乱的情况时，如1688年的革命、1832年的改革法案和1911年的议会法案那样，人们也竭力用严格的保守主义观点为那种变化辩护，并把革命说成是在某种意义上恢复了古时的原则。但也存在着相应的危险。革命毕竟是革命，给它披上保守主义外衣不过是把它乔装打扮一番罢了。甚至变化也是你不管叫它什么都可以的一种变化。人们也许会提出疑问，基本上属于假装性质的东西是否会真正产生很好的效果。我们在道德

领域中也常常看到与此相类似的虚假的例子,在那方面,谁都知道很难确定何处是正派和得体感情的终点和地道的虚假的起点。只要假借名义的托词有助于减少弊害和使人们倾心向善,那么,即使他们暂时离开道德的轨道,结果也是好的。但也可能出现这样的情况,那时人们也许会利用借口做出他们在保持警惕时不敢做的事情。就政治变革来说,情形也是如此。只要希望遵循先例的要求和保守主义的外表确实有助于保持社会稳定和政策稳健,那就是好的。但是,也可能出现这样的情况:人们在做某些事情时如果能够看出它们的本质,就会立刻罢手,这时保守主义的外形就成为一个陷阱、一排腐朽的栅栏。保守党人必须步步留心,不要为表面现象所欺骗,以致同意实行某些变革和求得某些发展,而这些可能会削弱和破坏许多有价值的传统。

让我们继续简单地考察一下我国政制的某些方面的实际情况,指出从保守主义观点看来特别令人关心的问题。

我国政制的核心是君主制。也许谁都会同意把君主制看作一种值得保存的制度,而君主制得以保存下来这一点就足以证明保守的观点是有用的。毫无疑问,君主制仍然在保守党人中间、事实上也在各部分居民中间激发他们对保守思想的热情。由于人们善于把感情集中地倾注在一个人的身上,认为国王体现着国家的伟大和权力、灿烂的悠久历史以及必将出现在国家面前的或好或坏的惊人未来,所以托利党人对从前王权的忠诚至今仍未消失,甚至在目前已经改变了的环境中还继续存在并有所加强。不仅如此,帝国主义者依靠君主制,把它看作在整个帝国发挥效力的我国政体的独一无二的部分;他们非常珍惜它,认为它是除感情而外把整个帝国团结起来的唯一起积极作用的纽带。在加拿大和澳大利亚，在新西兰和南非，在印度的无数群众中间以及散布全球的一切属地和岛屿上，一个英国人的名字到处受到尊敬，一个人的身份获得整个广大领地的共同敬意。所以，国王和君主制深受尊重和爱戴——比起人们在查理二世逝世（或伊丽莎白逝世）到维多利亚即位之间那段长时期内对国王和君主制的尊敬、尊重和爱戴还要深厚。

然而，如果指出如下的事实，那是会引人注目，或者使人感到有点不安的。这个事实就是：如果我们在认识了那种围绕着国王的温情之后，进一步探究一下君主制在制度上的职能究竟是什么，以及国王究竟做了些什么，那么我们就会发现，甚至最见多识广的人似乎也不能给我们提供非常明确的回答。君主制当然是个伟大的象征，但它是不是一股巨大的力量呢？毫无疑问，自从维多利亚女王首次登极以来，就有一种有意选定甚至公开宣称的倾向，即君主个人可不受批评，因而也不容任何争论。这种情况无疑大大地加强了君主制作为一种消极象征的作用，但人们有理由怀疑，这种情况是否加强君主制在政体中的有效力量。这是因为，一个人除了只做那种受人普遍认可的事情而外，其他什么事情不干，才会不受批评和不容争论。但是，只做人们普遍认可的事情就等于只做呆板的事情。只要得到精明强干的顾问的帮助，就不难确定什么行为属于令人普遍感到满意的范畴，而这就几乎包括我国现代君王必须公开从事的全部事项了。在人们发生争论的范围内，在人们对其有严重意见分歧的一切问题上，人们或者根本不让君主有所作为，或者即使他必须有所行动，也在关于内阁负责制的学说以

及当时人们尊敬君主个人及其职位的普遍感情的影响下彻底被掩盖起来。但是这里面是包含着危险的。英国的君主制可能有成为日本天皇制的命运。日本天皇通常被看作一位神圣的人物，可以不做任何事情；日本的全部皇权落在其他人的手里。但是在英国，我们不会长期尊敬一位无事可做的天皇。我们毕竟只尊重重要的和令人关心的事情。遗憾的是，凡是引不起人们争论的事情不会使人产生兴趣。人们所争论的问题就是他们所关心的问题。如果国王多年不参与社会上的争论，他的职务就可能降低为纯礼仪性的，成为一切国家庆典的辉煌中心，仅仅激发人们对庄严场面所感到的有限兴趣和带有一半尊敬成分的欢乐罢了。认为“保守主义”必须负起责任，使舆论接受国王应当公开地积极参与政治活动这种想法，可能是危险的但也许是正确的主张。由于国王长期以来已隔绝任何批评，认为国王应起积极作用的这种想法无疑会带来许多明显的危险；然而，还有不太明显的危险是君主制会丧失信誉，变成不起作用的装饰品，从人们效忠的中心逐渐下降，人们对这种情况起初还温厚地加以容忍，最后则不耐烦地表示轻蔑，这种危险也许是更现实的威胁。积极的君主制会招致许多人的怨恨，但它将得到那种毕竟只有公认的权力才能获得的尊敬。

我们可以说，任何君主都不能贸然公开地和积极地参加政治争论，因为君主制是世袭的，而世袭的原则现在还没有得到人们足够的信任，而使它成为一种必须承受政治战士抨击的制度的稳固基础。正因为（正如有些人可能会说的那样）世袭的原则失去人们的信任，上议院已经丧失了在争论问题上的大部分有效力量。保守党的政治家已经作出决断，如果我们想要有一个有效力的上议院，它的议员就必须除世袭头衔以外还求助于某种东西。因此，如果我们希望君主成为一位政治战士，我们难道就不该放弃世袭君主制，就像我们已经准备放弃世袭议员那样，而赞成某种用更民主的方法组织起来的制度吗？

这是反对君主干预政治的一个有影响的论点，因为君主制的世袭性质似乎显然是它的礼仪和象征作用所不可缺少的，关于这一点的重要意义，上文已经指出过了。一位世袭的君主与选举产生的总统不同，他开头就享有长期留传下来的威望，并且也许更重要的是，他从小就受过有关处理他将担任的重要职位的方法和态度的训练。世袭职务的这个方面并没有受到充分的注意，可是只有依靠世袭的继承，你才能保证在意识萌芽时期就开始这种训练。只有一位世袭的君主才从小就获得担任国王职位的培养。世袭地位的威望和早期的训练，是担任不列颠帝国所围绕的伟大中心人物这个角色所必不可少的两个因素。君主制显然必须仍旧采取世袭的办法，但可以怀疑的是，是否任何以世袭为基础的制度不可能经受政治论争的压力。人们曾经顺利地攻击了上议院，并非只是因为它带有世袭的性质。它也被谴责派性太多；凡是细心研究这场斗争的人，不论自由党人还是保守党人，都会同意这是对上议院的最强烈的指控。一个有派性的国王肯定会造成损害，并将危及君主制的稳定。但看来并非不可理解的是，国王可能确实不受任何政党的支配，同时还积极参加政治斗争。事实上，现在民众显然抱有一种强烈的愿望，希望产生某种在政治生活中并不完全受政党制支配的力量。君主在某种政治冲突中进行一些确实不抱党派偏见的英明干预，很可能会受到大部分人民的热烈欢迎。现在似

乎有一种越来越强烈和普遍的看法，认为党派政治活动家和政党组织并非完全值得信赖，但已变得十分强大，使人无法反抗；如果君主进行英明的干预，那就会使那些抱有上述看法的人感到高兴。我可以想象，如果我国的政治活动按照目前的路线再继续进行二十年，“爱国国王”的无党派领导就会获得人们热烈的拥护了。

然而，君主制是不可能在最近的将来按照目前这些路线发展的。人们更迫切地关心上议院的地位问题。上议院在两方面对“保守主义”有吸引力。首先，它是我国最古老的制度之一，经过许多世纪传到我们这一代，并在每一时期同过去的重大事件相联系。所以，它显然是任何天然的守旧本能都乐意尊重和信赖的、经过时间考验的现有政治制度的一部分。但它也是保守党人常常指望用来制止轻率的革命变革的政体结构的一部分。保守党人已经发现，这两种思潮在某些方面是互相抵触的，而保守党在改革上议院的问题上犹豫不决，因为优柔寡断，在很大程度上是由于这两种思想相对的压力。希望维持旧制度和尽可能少加改变的想法有助于听凭上议院保持现状，或使改革限于产生不大的变化。另一方面，那种希望出现一个能够有效地抗拒革命的强大的上议院这种想法导致对上议院进行广泛的改造，以便使它能够牢固地掌握人们的信任和尊敬。有些保守党人不能忍受把这样一个有着辉煌历史和以我国政体的一种特色著称的上议院进行彻底的改造，另一些保守党人深恐财产和国民安全可能有受到侵犯的危险，因此迫不及待地想要排除一切妨碍他们建立历来最强大的上议院的绊脚石。“保守主义”队伍中的第三种意见是对整个争论感到有点不耐烦。较为热心的帝国主义者非常关心如何把皇家殖民领地同祖国结合

起来并把整个帝国组织成为更有效的力量的问题，因此他们忐忑不安地感到有必要为上议院的问题进行斗争，并且认为，如果上议院的问题能够告一段落或不再引起政治冲突，他们的事业就会更快地昌盛起来。他们也愿意支持任何变革，不管它是多么广泛，因为它将结束争论，并使我国有一个强大的上议院。但大家都一致认为，不管上议院怎样组成，它必须享有其他大国议会中的参议院所享有的权利。保守党领导人的未来任务是统一这些不同的思潮，以利于实施某种切实可行的政策。

关于那项任务，不是我们目前要详细论述的问题。但我们不妨提请注意一般应用方面的两三个要点。第一，关于上议院的纯守旧思想是真诚的和有力的，在保守党队伍之外也有很大影响。所以，我们不妨改变上议院的结构，但以使其足以对付那种与它不利的情况为限。第二，我们已经指出，问题的最引人注目的部分不在于上议院的世袭性质，而在于它的复杂的派性。如果上议院的改革能使两个政党在上议院的机构中享有同等的发言权，那么温和的自由党人大概也会默许那样的改革的；另一方面，如果解决的办法使人们完全有机会指控上议院，说它在组织结构上带有偏向"保守主义"的纯派性的色彩，那么这样的解决办法是永远也不可能奏效的。第三，虽然世袭的原则没有获得公众足够的重视，以致不能使上议院名副其实地成为一个立法机构，然而，如果完全抛弃世袭的原则，就一定会产生超出上议院范围的严重后果。我们已经指出的对君主制甚为重要的同一论点，对上议院来说虽然影响较少，但毕竟还是有影响的。只有产生一批生来就要当政治活动家的人，你才能够有把握及早施以训练，使其养成许多世代以来在

两院受到高度重视的运用议会方法的干练技能。再说，由于世袭继承制在民众思想上仍然不可分割地与享有高官厚禄的观念联系在一起，如果要完全废除议会中的世袭继承制，那就不但会威胁上议院的地位和威信，而且也会威胁下议院的地位和威信，并确实会普遍地削弱那种在公民生活中使许多英国人不惜时间、不辞辛苦地义务为公共利益效劳的高贵气魄。毫无疑问，民众围绕着我国整个公共事务所表示的并使人们在地方机关担任工作的那种信任和尊敬重视民政官的荣誉，并坚持不懈地努力争取下议院的席位，其中原因一部分在于上议院有高位和文官工作这两种观念的结合。根据这些考虑，我们似乎可以得出结论：自由党人和保守党人应该平等地参加建设一个经过改革的上议院，这个上议院不但要符合两党平等的原则，而且应该继续保持现有上议院的性质和传统，同时应该仍然有人在其中根据世袭继承的原则发挥某种作用。

在我国政体中，最需要实行明智改革的部分就是下议院，这听起来好像有点奇怪，但肯定是正确的。下议院似乎正处在某种转变的过程，其最后的结果如何还不容易加以判断，但那种转变在目前达到的具体阶段使下议院处在一种不能令人满意的状态。关于下议院，我们很可能要受到上文已经论及的我国民族特性中那种伪饰成分的害处。关于下议院，人们确实有意见不同的解释，这种情况很可能会模糊公众的洞察力，而那种洞察力却是消除伪饰的最好手段。从一个方面来看，下议院似乎是我国机构中最强大的。它的表决可以解散政府；任何立法非经它批准不能通过；现在根据议会法案，任何立法只要在两年内一直获得它的赞同，就必须成为法律。如果我们想起，在我国的政制下议会的绝对统治权不受限制，我们就可以看出，下议院权力之大决不是任何权力所能企及的。但还有近来相当引人注目的另一个方面。虽然从制度上看，下议院享有最强大的权力，但实际上它却是取得下议院多数议席的政党的驯服工具。这不仅意味着少数党无足轻重，而且意味着即使是多数党的议员也不是其政党的主人，而是它的奴仆。议会议员中间的个人独立性逐年减少，因为他们年复一年越来越倾向于严格按照其政党的议员领袖的指示投票。这种情况很难说是因为党员们对于种种社会问题的是非曲直的看法比以前更趋一致。人性没有改变，当代的争论同五十年前的争论相比也并不自然而然地出现较少的意见分歧。毫无疑问，独立性已经减少，其部分原因在于党员对其政党的效忠，部分原因在于受到奖惩制度的压力。如果一个议会议员的投票符合他本党的要求，他就有光明的前途可以满足他冀求官职或国王赏赐的荣誉的惯常野心。另一方面，如果他的意见同他本党相左，那他就不仅会享受不到这些好处，而且他一旦表示异议以致严重妨碍党的计划时，就会立刻受到他选区的党组织的威胁，起初是责难，然后是逐出议会。例如在哈罗德·考克斯先生那种极端的情况下，他被他们抛弃，并且确实在下次选举时落选。因此，最为重要和权力很大的下议院的议员本身就是在服从方面受过严格训练的奴仆。

这样，探究一下最终影响下议院和该院按照制度所行使的无限权力的权力中心究竟在什么地方，就成为非常耐人寻味和极其重要的事情了。探究这个问题是饶有趣味和重要的，但并不十分容易。也许有人会说，这个权力掌握在内阁手里；那就是说，掌握在多数党的十五位或二十位最主要的人物手里。但这种说法并不

总是正确的。内阁内部有时也可能出现意见分歧。那么,什么力量用某种方法确定所作的决议呢?还有,内阁有时需要解决的问题在其具体解释上得到党内的大力支持,以致内阁几乎非采纳不可。那么,甚至内阁也必须服从的权力究竟在什么地方呢?最适当的回答是:通常行使党内最高权力的人是党的领导人中间一个或一个以上主要人物所领导的全国最活跃和最有魄力的政党组织者。有时,名义上的政党领袖是这些主要人物的一员;有时则不是如此。但他们力量的来源不仅在于他们的个人地位,而且因为他们用某种方法得到可以称之为该党禁卫军、即党的最活跃和最热心的工作者的信任。如果情况确实如此,我们就当然有为之焦虑的重大理由了。下议院任命负行政责任的政府,它对立法拥有绝对的控制权。下议院的多数党完全控制着该院。而控制那个政党本身的,是在深受爱戴的政治活动家指导下的那些最热心和最有干劲的党务工作者。这就等于说,国家的最高权力掌握在党性最强的党员和他们最崇拜的政治家的手里。我们想象不出比这更难令人满意的政体了。然而这却是实际的情况。人们假惺惺地说,下议院是代表人民的。但事实上人民不仅在选择下议院议员时并没有起主要作用的发言权,而且当下议院一旦被选出时,人民也不享有对它的某种控制权。实际上,人民只是有机会在交给他们考虑的那些政党候选人之间进行选择罢了。选择候选人的是那些热心的党徒即禁卫军,选举只是决定他们是否将由保守党禁卫军或自由党禁卫军的被提名人来代表而已,或者在比较罕见的情况下他们可能选择工党提名的同样受过训练的候选人。无党派人士可能会并且有时确实成为议会的议员。然而,在现代条件下的竞选活动基本上是组织和机构的问题，因此无党派人士在其同政党提名人的竞争中处在极其不利的地位。这样一种候选人的资格获得成功的事例在世界上是最为罕见的。无党派人士所拥有的唯一真正的力量是通过政党经理人企图获得他们选票的愿望表现出来的。但这只能产生有限的效果。这是因为，双方热心的党徒都深切关心所争论的问题，不会十分照顾无党派公众的感情。当下议院议员被选举出来的时候，舆论的影响也同样受到限制。执政党的人士会采取某种措施以争取选民在下次大选中的支持，但每当他们确实感到事关重大的时候，他们就会冒一切风险去推行他们的政策。尤其是当事情威胁到他们所信任的一位领导人的个人声誉时，他们更会这样做。现今可怕的事实是：我们举世无双的庞大帝国的最高权力竟然交替地落在两群感情激烈、毫不妥协和精神失常的人的手里。

这个严重的危险为那些主张享有所谓公民直接选择权的人提供一项最有力的论据。保守党的政治家已提出建议，主张在遇到最重要的法案不能获得上议院的同意时用公民直接投票的方式吁请人民公断。保守党人居然鼓吹一种肯定不符合我国政制的贵族政治旧传统而又确实是相当巨大的变革，看来也许是不正常的事情。然而，不时传到我国精力最充沛的激进党徒的绝对权威者手中的另一种可供选择的办法，对“保守主义”来说是比诉诸人民公断要严重得多的危险。这是因为，保守党的政治活动家越来越清楚，英国人民强烈地倾向“保守主义”，不可能接受任何十分革命的办法，因此，即使抛开一切令人困惑的问题不谈，单把一项极其革命的办法交给人民考虑，他们也是不会接受的。

到这里为止,在有关政制的争论中,我们只把“保守主义”同两个主要的建议联系起来探讨:一是主张建立一个经过改革的强大上议院问题;二是在重大问题上吁请人民公断的问题。但保守党人已经受到一些顾问的强烈影响,他们要求采取另一种危险得多的政制改革方案。正如我们在别处所看到的那样,保守党人的帝国主义同情心理使他们希望用某种更紧密的联邦组织形式来把整个帝国团结起来;已经有人提出,保守党人可以采取其政敌的地方自治政策,稍加调整后使它成为实行帝国联邦计划的开端。如果把联合王国分为英格兰、苏格兰、爱尔兰和威尔士四邦,那就有必要在它们上面设立某种中央帝国议会,经过一段时期,海外几个大的自治领也可能会派遣代表参加那个议会。这就是一些富于想象力的人的想法。虽然乍看起来有些保守党的新闻工作者似乎为这种想法所吸引,但整个党却已断然加以拒绝。抛开其他一些对地方自治的反对意见不谈,即使从帝国的观点来看也存在着一种基本的障碍,不可能做到把联合王国的四个部分分开,并在它们上面建起一座联邦大厦。民族主义党所提出的使爱尔兰设立它自己的议会这一主张所依据的理由是爱尔兰和英格兰属于不同的民族,而企图把联合王国分为四邦的人也同样断言,每一部分要成为、并且的确已经成为一个民族。民族是个意义极不明确的名词。只要关于民族要求的全部意义是推崇一种亲切的地方感情,这种不明确性也不是讨厌的或有害的。然而,如果把民族当作建立几个分开的议会的根据,其意义就远远超过一种感情了。它倒成为导致真正的分歧和分立,甚或可能导致独立和战争的许许多多感情的温床。一旦你使集居一处的全体居民相信他们属于一个民族,他

们就会开始渴求充分的独立，以便完全实现民族自主的理想。要成为一个国家，就是要同世界上一切独立的国家并列；再进一步，就像挪威那样要求设立王位。正是这一点最终将有效地使保守党人的帝国主义思想同联合王国的联邦化计划疏远。这是因为，联合王国内部产生四个民族邦的办法不会使帝国团结起来，反而会使它陷于分离状态，并将割裂至今一向是完整的中枢。

如果说联邦地方自治方案因为意味着要承认联合王国内部各个分离的民族而不能吸引保守党人，那么，保守党人也是厌恶与爱尔兰地方自治有关的那部分计划的，因为他们把它看作一种带有严重雅各宾主义色彩的运动的胜利。按照保守党人的观念，在现代政治活动中最富于雅各宾色彩的事情莫过于帕内尔先生[①]和达维特先生所领导的地方同盟运动了。使这个运动变得面目可憎的暴行和威吓；不祥地同这运动相一致的可怕罪行；对私有财产权的漠视和因此而产生的残酷压迫——所有这些都再现了法国恐怖主义精神一些最坏的特点。如果“保守主义”不尽力反对建立一个势必会落入一伙具有肮脏历史的人之手的爱尔兰议会，它就会丧失它作为雅各宾主义的敌人这个最重要的性质了。因此，“保守主义”的主要任务是维护联合王国议会的统一，特别是反对建立一个由民族主义者所提倡的爱尔兰议会。

保守党既然决心反对地方自治，就必须负起责任解决人们有时作为支持地方自治的论点而提出的关于下议院事务过多的问

① 查尔斯·斯图尔特·帕内尔(Charles Stewart Pernell，1846—1891)，爱尔兰民族主义运动领袖。——译者

题。事实上，就是建立一个爱尔兰议会甚或为联合王国四个部分建立四个议会，也解决不了这个问题。因为最严重的事务过多问题产生于与整个联合王国有关的事务。正确的补救办法必须是建立某种机构来处理下议院职责中较为琐碎而又不大重要的那部分事务，以减轻下议院的负担。更多地利用各委员会所起作用的办法将大有可为。为了某些目的而把下议院分为两个部分，或者由下议院建立各个组织来进行可以交它们处理的工作，都将是在解决下议院事务过多问题上比地方自治方案有效得多的措施。我们还不要忘记，事务过多这个困难只同下议院有关，而同上议院或负行政责任的政府无涉。保守党人在纠正下议院的弊病时应该坚持他们自己的原则：不使改革超出其必需的限度。

关于下议院问题，正如关于整个议会体制问题一样，“保守主义”应当遵循这样一句话：“我也不想排除变革；但甚至当我进行变革时，其目的还应该是为了保存原有的优点。”对于如此历史悠久而又如此辉煌瑰丽的建筑物，即使到了修缮人的手里，他们也只应怀着崇敬的心情轻轻地触摸；如果在我国政体的保护下，那些长期享有自由和极其发达的文明的人由于轻率、急躁甚或不必要的改革而糟蹋了他们受惠极深的东西，那就太不应该了。

第九章 结论

我们在这本书里把政治"保守主义"看做由法国大革命引起的一种力量，其作用同那场革命所揭示的种种倾向相反。我们已经论证，"保守主义"是由三个可以追溯其久远历史的思潮结合起来的，是由法国大革命及其所激起的对抗作用结合成为一股有组织的力量的。这三个组成部分是：天生的守旧思想，即所有的人内心所固有的不信任未知事物和眷恋所熟悉的事物的思想；王党主义，即卫护教会和国王、尊崇宗教和权威的原则；最后是目前还没有更好的名称而被称为帝国主义的部分，即热爱国家的伟大和热爱使其伟大的上下团结。保守党的政策是由这三个部分组成的。保守党人一部分由于天然抱有守旧思想，热爱现有的事物；一部分由于担心革命变革的鼓吹者将使许多个人遭受不公道的对待，竭力维护政体、财产权和现有的社会秩序。这种反对非正义的思想可以在托利党支持教会的行动所留传下来的宗教原则中看到它的道德基础；同样的原因使保守党人成为国教和教会财产的捍卫者，成为主张对人民子女实施有效的宗教教育的拥护者。然而，这种敌视非正义行为的宗教感情也不愿默许人们所受的贫困及其带来的种种弊害。因此"保守主义"也是同那些旨在提高穷人生活条件的社会改良措施并行不悖的。这些动机同追求我国伟大地位的帝国主

义热情结合，使保守党人不论明智地或愚蠢地采取那种被认为是有利于国家贸易和工业的关税改革政策，同时提供一个吸引皇家殖民领地同祖国更紧密地合作的合适机构。帝国主义还要求对国防提供大量的物资，并特别热衷于保持英伦三岛的安全所依靠的海军优势；由于受到基本上属于宗教性质的对于国民天职真实性的信仰的鼓舞和限制，帝国主义在对外关系中竭力主张维护国家的势力并用以履行那个天职。这三个部分就这样互相配合使保守党的政策富有生气，并形成一种建设性的、均衡的和审慎的政治信条，同时从提高爱国热情和宗教信仰方面吸取它的鼓舞力量；它同情人类的疾苦，但审慎地履行有关正义的义务；它深谋远虑地尊重经验，从而在行动上从容不迫，严肃认真，并保证以经过时间考验和为传统所巩固的行为准则作为有效进步的基础。

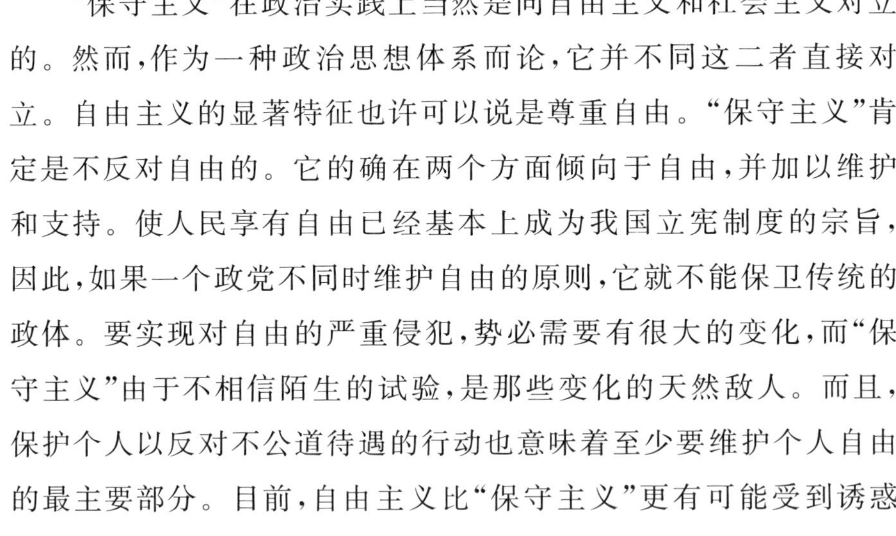

“保守主义”在政治实践上当然是同自由主义和社会主义对立的。然而，作为一种政治思想体系而论，它并不同这二者直接对立。自由主义的显著特征也许可以说是尊重自由。“保守主义”肯定是不反对自由的。它的确在两个方面倾向于自由，并加以维护和支持。使人民享有自由已经基本上成为我国立宪制度的宗旨，因此，如果一个政党不同时维护自由的原则，它就不能保卫传统的政体。要实现对自由的严重侵犯，势必需要有很大的变化，而“保守主义”由于不相信陌生的试验，是那些变化的天然敌人。而且，保护个人以反对不公道待遇的行动也意味着至少要维护个人自由的最主要部分。目前，自由主义比“保守主义”更有可能受到诱惑去侵犯自由的原则；这是因为，那些急于采取迅速行动和盼望在有生之年完成其所爱的计划的热心改革家感到，如果不限制自由和

损害个人的财产权，他们就不可能追求他们所念念不忘的目标。当自由主义求助于国家的权威来实现某项社会改革计划时，它就侵犯了当然更其可以说是属于保守党人的领域；在模仿方面，“保守主义”比自由主义高出一筹。关于权威的传统当然是托利党的传统；如果没有保守党的慎重和主持正义的行动的影响，托利党的继承者也许早就会乐意用一种我们把它同社会主义联系起来的自由来利用国家的权力了。“保守主义”和自由主义确实在十九世纪初期旧式个人主义的自由主义同社会主义运动所使用的权威方法之间占据一席地位。然而，我们可以替“保守主义”声称，它已经在比自由主义更乐意的赞助下实现了自由与权威之间的妥协；由于对宗教法令的尊重，“保守主义”可以援用一项准则，很好地保证使自由或权威不致趋于极端。人类性格的价值，一方面表现为把正义视为神圣不可侵犯，另一方面表现为对权威的尊敬和对别人苦难的同情，使宗教观点立刻成为实行社会改革工作的最为安全而又最切合实际的观点。“保守主义”甚至自身也包含着有利于安全的均衡原则，并且当它同天然的守旧思想的审慎态度结合时，它就成为社会改革家的最有效、最可靠的政治指南。

如果“保守主义”并非仅仅同自由主义相对立，那么很明显，“保守主义”在进行社会改革时，一定会屡次发现它自己至少是同情社会主义的某些目标的。可是在社会主义运动中，或者至少在保守党人看来，存在着一百多年来始终成为保守党人所反对的真正敌人——雅各宾主义的因素。虽然雅各宾派确实达到了任何通情达理的社会主义者都不会想要追随的程度，但在社会主义的语言中却有时带有雅各宾主义的色彩。我们似乎有时也听到雅各宾

派肆无忌惮地轻视个人权利的语调，听到他们无情地憎恨那些也许并非由于他们自己的过错而已经同某种真实的或想象中的弊病联系在一起的人，也看到那种不是要使一种社会状态逐渐发展到另一社会状态，而是一种为了实行一项考虑不周的改革计划而要清除一切制度的倾向。“保守主义”之所以反对社会主义运动，就是因为它出现这些因素。“保守主义”起来反对雅各宾主义，这一点直到今天仍然是它最重要的基本特征。但是，只要能够说服社会主义者一丝不苟地尊重正义原则，放弃他们那种带有复仇心理一切痕迹的纲领，那就没有什么事情能够妨碍保守党人逐一根据其优缺点来仔细考虑他们的建议了。然而，要使任何一个保守党人相信我们有可能取消甚或大大地缩小目前在财富的生产和分配中竞争所操纵的范围，那就要提出一些比以前更好的经济论据了。

我们要指出，本书只是从“保守主义”的比较高尚的方面来对它进行研究。毫无疑问，在党派政治活动中，一些卑劣得多的因素正在影响保守党方面，就像影响其他政党方面一样。“保守主义”的批评家也许会表示不满说，自私、贪婪和酗酒是有利于保守党政治活动家取得成功的一切因素。但是，不管那种批评可能掺杂着什么样的持平之论，我认为它不属于我按“保守主义”的理想形式来加以探讨的任务范围。致力于表现人像的雕刻家企图雕刻阿波罗或维纳斯的雕像，而不雕刻丑陋的或畸形的男人或女人，尽管他们同样具有人的形象。有一篇政治论文就提出这种特殊的理由，要求避免不大适用于艺术作品的拙劣构思，希望通过对理想事物的描述来诱导人们按照理想的标准行动。如果本书能够引导任何人仿效我们已经企图在这里描绘的模式而成为保守党人，那么这本书就不会是毫无用处了。如果保守党人在宗教或爱国热忱的影响下、甚或在单纯审慎动机的影响下对雅各宾主义的祸害进行斗争，那么，不论他们在可能从事的具体论争中立场是否正确，他们将起一种极好的作用，一种振奋他们自己和他们同胞的作用。

"保守主义"的宗教方面和爱国热忱方面无疑是最显著的，但人们也许会怀疑，它们给予保守党的帮助是否同天然的守旧思想那种比较低微的吸引力一样有力量。不信任陌生的事物和爱好熟悉的事物是人人都有的动机；尤其是在今天，当人们普遍地对双方政治活动家的大量诺言持温和的怀疑态度时，这些朴素的动机的确颇有力量。它们在活跃的政治争论中消失了，并且对那些天生喜欢更好的写作题材和演说题材的政治活动家和记者来说是没有多大魅力的。然而，它们存在于每个人的心中，不停地告诫人们防止可能发生的危险，不倦地宣讲实际产生的利弊。保守党近年来的工作开展得不很顺利，这在某种程度上可能是由于忽视这些赞成诉诸比较崇高但不很有力的情感的盟友的缘故，而这些盟友虽然平淡无奇，却是无所不在的。

确实有很多理由认为，"保守主义"在不久的将来需用全部力量去同它奋起要摧毁的敌人雅各宾主义作斗争，因为多年以来雅各宾主义从来没有像今天这样咄咄逼人。然而，我们不妨鼓足勇气去迎接那场斗争。英国人是世界上最聪明的民族。他们的政治判断力向来至多只是稍稍或暂时有些失误。"保守主义"所特别拥护的伟大事业一向总是用激动人心的力量号召他们。只要它忠实地维护宗教，爱国热忱和深谋远虑，我们就毋庸担心它不会繁荣昌盛。

1912年3月

图书在版编目(CIP)数据

保守主义/(英)休·塞西尔著;杜汝楫译.—北京:商务印书馆,2017
(汉译世界学术名著丛书:120年纪念版:珍藏本)
ISBN 978-7-100-14522-0

Ⅰ.①保… Ⅱ.①休… ②杜… Ⅲ.①保守主义—研究 Ⅳ.①D09

中国版本图书馆CIP数据核字(2017)第153954号

汉译世界学术名著丛书
(120年纪念版·珍藏本)
保守主义
〔英〕休·塞西尔 著
杜汝楫 译
马清槐 校

商务印书馆出版
(北京王府井大街36号 邮政编码100710)
商务印书馆发行
北京新华印刷有限公司印刷
ISBN 978-7-100-14522-0

2017年12月第1版 开本710×1000 1/16
2017年12月北京第1次印刷 印张10½
定价:55.00元